巨龙抬头

我们的 90 年代

张玮（馒头大师）著

中信出版集团｜北京

图书在版编目（CIP）数据

巨龙抬头：我们的 90 年代 / 张玮著 . -- 北京：中信出版社，2025.1. -- ISBN 978-7-5217-7356-9

Ⅰ . K270.9

中国国家版本馆 CIP 数据核字第 2024WZ2172 号

巨龙抬头——我们的 90 年代
著者： 张玮
出版发行：中信出版集团股份有限公司
（北京市朝阳区东三环北路 27 号嘉铭中心　邮编　100020）
承印者： 北京通州皇家印刷厂

开本：880mm×1230mm 1/32　　印张：8.25　　字数：162 千字
版次：2025 年 1 月第 1 版　　　　印次：2025 年 1 月第 1 次印刷
书号：ISBN 978-7-5217-7356-9
定价：69.00 元

版权所有·侵权必究
如有印刷、装订问题，本公司负责调换。
服务热线：400-600-8099
投稿邮箱：author@citicpub.com

我们现在重新回望那十年，不是困在过去的记忆里无法走出来，恰恰相反，我们是在回忆和感慨之余，从中获得经验、教训、信心，乃至力量和勇气，去面对新的十年和新的未来。

V ○ 序言

001 ○ 请回答
1990
这一年，中国一直在寻求脚踏实地的经济"软着陆"，却也没有忘记仰望星空，探索未知的宇宙。
十年之交，风云变幻，征途漫漫，砥砺前行。

027 ○ 请回答
1991
漫漫历史长河，每一年都会有每一年的变化。铭记过去，寄望将来，个人如是，国家如是，整个世界亦如是。

049 ○ 请回答
1992
"从来就没有什么救世主，也不靠神仙皇帝。
"要创造人类的幸福，全靠我们自己。"

071 ○ 请回答
1993
是迎难而上，还是知难而退？是愈挫愈勇，还是到此为止？
单单 1993 年，还不足以给出一个完整的答案。
把一切交给时间。
时间将证明一切。

097 ○ 请回答
1994
"智力就是能力，知识就是财富"，这个观念在 1994 年似乎正在被全国人民慢慢接受。
无论你是不是英雄，历史的大潮总会滚滚向前。

请回答
1995

1995年5月1日起实行"双休"。每周多了一天休息时间，更多的老百姓开始在周末走上街头，去商场，去公园，去逛街，甚至去短途旅游。
"落在过去，飘向未来，掉进眼里就流出泪来。"

请回答
1996

1996年和以往的任何一个年份一样，呼啸而来，呼啸而去，为过去的过去留下一些总结，为将来的将来埋下一些伏笔。

请回答
1997

"1997年，我深情地呼唤你，让全世界都在为你跳跃，让这昂贵的名字永驻心里。"

请回答
1998

"莫说青山多障碍，风也急风也劲，白云过山峰也可传情。"
山高千仞人为峰，守得云开见月明。

请回答
1999

世纪交替际，雄关漫道。
展望新千年，从头再越。

目录

序　言

1

那是 2020 年 8 月的一天，我在想下周一的公众号推送能写些什么，忽然就有了一个想法。

这个想法，其实在我心里懵懵懂懂地酝酿了有些时候：

回顾曾经的整整一年，把那一年值得记录的事情，用尽可能逻辑通顺的方式记录下来——无论是国际的还是国内的，政治的还是经济的，文化的还是娱乐的。

于是我就像抓阄一样，盲选了一年：1986 年。

那篇文章的开头是这样的：

> 对于很多中国老百姓而言，对 1986 年的印象，可能

是从一部电视剧开始的。

那一年的农历大年初一是2月9日,晚上,很多家庭都围坐在电视机前,把频道调到了"中央一套",静静等候。在几秒钟惊涛拍岸的画面后,一只猴子忽然从爆裂的石头中蹦了出来,然后响起了那时候听起来还颇为新潮的电子配乐片头曲。

我记录的,是那天央视正式首播由杨洁导演执导的《西游记》第一集"猴王初问世"。

在写下那两段文字的时候,我忽然觉得心里暖洋洋的,仿佛自己脱离了目前所处的这个世界,通过时光隧道,回到了那个搬着小板凳,和邻居围坐在黑白电视机前看齐天大圣大闹天宫的日子。

然后就一口气,洋洋洒洒写了一万字。

在那篇文章里,我回顾了那一年发生的大事小事:墨西哥世界杯,中国女排五连冠,中国开始实行"夏令时",邓稼先逝世,美国"挑战者号"升空爆炸,苏联切尔诺贝利核电站泄漏,中国第一家国有企业宣布破产……

写完,我将文章取名为《请回答1986》——很明显,标题的灵感来源于一部很棒的韩剧:《请回答1988》。

文章推送出去后,后台收到了热烈的反响,短时间内就涌进了数百条留言。

很多人的感觉和我写这篇文章时一样，仿佛穿越了时光隧道：

"这件事我记得！当时我才读小学！"

"哇，那件事已经过去那么多年了，时间过得太快了。"

"那一年，我刚从部队退役，文章里说的那些事情，历历在目……"

我发现，这篇文章成了很多人打开回忆之门的一把钥匙，勾起了他们的感触，引起了他们共鸣，引发了他们的思考。

于是，我就在想：

为什么我不能多写几篇呢？

为什么我不能写一整个十年呢？

考虑了一下之后，我就开始断断续续地写这个"请回答"系列。

我选择的十年区间是：1990年代。

2

为什么会选1990年代，我其实也一下子很难说清。

我记得当时我家有一本挂历，是1990年的，封面是上海外滩的一幅风景。在1989年12月31日晚上，我看到我的父母把这本新挂历挂上了墙，当时忽然就有一种未来科幻的感觉：

"明天就是1990年的第一天了，这个年份好陌生，好遥远，但怎么忽然就到眼前了呢？"

现在回过头看，1990年代，至少对我个人而言很重要，因为它涵盖了我的整个中学时代，并在头和尾牵进了我的小学时代和大学时代。

而这个时代对于我们这个国家而言，对我们所有的老百姓而言，也有很多留下深刻印象的事。

那是一个万物已经复苏，开始茁壮成长的年代：南方谈话，"老八股"，麦当劳，北京亚运会，"申奥"，双休日，"一年一个样，三年大变样"……

那也是一个充满变化和挑战，有经验也有教训的年代：海南楼市泡沫，"假冒伪劣"，第二次"严打"，国有企业改革，亚洲金融危机，禹作敏，沈太福……

那同样是一个风起云涌的时代：九六台海危机，九七香港回归，九八抗洪，九九澳门回归，东欧剧变，苏联解体，伊拉克入侵科威特，海湾战争，车臣战争……

有很多人，在那十年告别了我们：侯宝林，黄家驹，路遥，张爱玲，邓丽君，奥黛丽·赫本，藤子·F·不二雄……

也有太多太多的经典影视剧和歌曲在那十年里风靡一

时：《三国演义》,《大话西游》,《还珠格格》,《肖申克的救赎》,《泰坦尼克号》,《东京爱情故事》,《祝你平安》,《同桌的你》,《吻别》,《水手》,《大海》,《相约九八》,《红旗飘飘》……

即便是现在的 00 后乃至 10 后,看到其中的一些名词,也不会感到陌生。

而这些,都发生在那十年。

3

在我大概写到 1994 年的时候,后台有一些读者留言。

他们说我这个系列和某视频网站上某工作室制作的系列视频有不少地方很像,甚至有些人留言说,我是抄袭。

事实上在他们说之前,我并没有看过那个系列的视频。为了证明这件事,我先是指出《请回答 1986》这篇文章早在那个系列视频出现之前很久就写好了。然后我的下一篇文章就写了《请回答 1999》——那时候,那个系列视频也还没更新到这一年。

在那篇《请回答 1999》的后台,那个视频工作室的负责人给我留了言。很荣幸,他告诉我他也是我的读者,并买了我的全套书推荐给同事阅读。其中有几句话给我印象很深:

"大家一起来记录我们走过的路,感到很开心。……因为题材相同，事件本身又相同，有相似之处确实很正常……"

这确实证明了两件事。

第一，这就是历史。一年中有重要意义的、大家会记得的事，也就这一些。而每一件事都安静地躺在过去，如果你只是提及它的名字，那么谁都变不出新的花样，因为你无法改变它。

第二，在那个年轻人聚集的视频网站，这个工作室制作的回忆1990年代的视频也激起了巨大的反响和共鸣。

这说明，那是一个值得关注、值得回味的十年。

4

最后再来说说这本书吧，其实很简单。

全书只有十篇文章，从1990年到1999年，一共十年，一年一篇。

你可以从头到尾回顾，也可以对哪一年感兴趣，就翻进哪一年看。

每一年，我都试图把那一年国际国内、政治经济、文化娱乐等方方面面留在我们记忆中或者值得我们留下记忆的事，用我的思路和语言串联起来。

说实话，这很难，比写一篇《历史的温度》的故事更难。

因为一年中的那些事情千头万绪，五花八门。我每次都要拿好几张A4纸，先通过搜索引擎了解这一年发生的事件，分门别类用笔做好摘录，然后再一条一条去检索和查阅资料。

而最难的，就是最后要把这些事用一条还算看得过去的逻辑线串联起来。

在"历史的温度"系列暂告一个段落之后，我和我的团队合作出版了一些写给孩子们的书（"小学生自学大语文"系列，《三千世界三字经》），而现在这本书是在《历史的温度7》之后，我的第一本再次回归传统"历史"的书。

之所以选择了这样一个题材，是我个人对那十年很有兴趣，觉得能够记录下来，和同样有兴趣的读者一起分享和交流，也是一件很有意义的事。

有人可能会说，那十年已经过去了，现在回忆有什么意义吗？

不是这样的。

我们现在重新回望那十年，不是困在过去的记忆里无法走出来，恰恰相反，我们是在回忆和感慨之余，从中获得经验、教训、信心，乃至力量和勇气，去面对新的十年和新的未来。

过去的事情，从来都不是没有意义的。

因为，历史从来就不只是告诉你过去，只要你读懂它，它向你展现的其实是未来。

所以，衷心希望读者们能通过这本并不算厚的书，进行一次短暂的时光旅行。

经历过那十年的，可以回忆一下过去。

没有经历过的，可以了解一下过去。

有时候，读懂过去，才能活好当下，才能坦面未来。

让我们一起出发吧。

2024 年 12 月 16 日

于上海书房

请回答 1990

这一年,中国一直在寻求脚踏实地的经济"软着陆",却也没有忘记仰望星空,探索未知的宇宙。

十年之交,风云变幻,征途漫漫,砥砺前行。

1

这一年的故事,可以从春晚说起。

1990年1月26日,中央电视台第八届春节联欢晚会拉开帷幕。这届采用歌舞队、戏剧队和曲艺队打擂台方式举办的春晚,总导演是黄一鹤,主持人是赵忠祥,裁判是李默然——三位老前辈如今都已不在世了。

这届春晚，有一首叫《小背篓》的歌曲火了，而更让人眼前一亮的是演唱者——一位 24 岁的苗族姑娘。这个叫宋祖英的姑娘用甜美嗓音演绎的民族唱法给大家留下了深刻印象，由此正式踏上星光大道。

这一届春晚有 4 个相声节目，但包含哑剧小品和戏曲小品在内的小品数量达到了 6 个。在语言类节目中，已经开始出现小品压过相声一头的趋势。

其中有个小品叫《相亲》，讲述的是一对老人代自己子女来相亲，结果发现其实是子女"设套"，希望这对老人喜结连理的故事。演员一共两人，都是新人。女主角叫黄晓娟，是男主角推荐的，而男主角自己也是头一回登上春晚舞台，却凭略带夸张的肢体动作和层出不穷的接地气的顺口溜，引得全场观众捧腹大笑。

这个节目后来获得了当年春晚节目评选的语言类一等奖，而这位新人在后来也被称为"小品之王"。那年，他虽然看上去有点显老相，但其实才 33 岁，名字叫赵本山。

不过，在那届春晚"一战封神"的小品不是《相亲》，而是《主角与配角》。陈佩斯和朱时茂的这个小品堪称一个时代的里程碑，甚至成了中国小品史上一座一直被仰望的高峰。

这个小品留下了不少经典台词，流传至今。其中有这样两句：

"没想到啊没想到，你朱时茂这浓眉大眼的家伙也叛变革命了!"

"队长别开枪,是我!"

回过头看这些台词,颇有些戏谑当年国际形势的味道。

2

1990年的国际形势,确实让人感到"主角"和"配角"似乎在转换。

这一年的3月11日,立陶宛宣布独立。明眼人都知道,这只是划过苏维埃社会主义共和国联盟夜空的第一道闪电,而隆隆的雷声即将接踵而至。

5月4日,拉脱维亚最高苏维埃通过关于恢复独立的宣言,并改国名为拉脱维亚共和国;5月23日,摩尔多瓦更名为摩尔多瓦共和国。但这一切都不如6月12日的一则宣言来得威力巨大:苏联所有加盟共和国里地域最广、实力最强的俄罗斯发表了《国家主权宣言》,宣布俄罗斯联邦在其境内拥有"绝对主权",这一天后来被俄罗斯定为"国家独立日"。

一位妇人在苏联共产党的党徽雕塑前

苏联,这个横跨欧亚

的庞大社会主义国家联盟，正式开始从内部发生垮塌，而这也注定它在外部的影响力走向终结。从1989年开始的"东欧剧变"大戏，也在1990年上演大结局：

这一年的10月2日，民主德国的政府机关停止了工作，而联邦德国全盘接收了民主德国的驻外使领馆。10月3日，一场盛大的庆典在柏林举行，庆祝民主德国的五个州——勃兰登堡、梅克伦堡-前波莫瑞、萨克森、萨克森-安哈特和图林根——正式加入联邦德国。

分裂了几十年的民主德国和联邦德国，在这一天重新统一，成为德意志联邦共和国。

两德统一时的情景

这一年，全世界似乎都在吹一股"暖风"。

就在两德统一前5个月，一个亚洲国家也结束了分裂的状态：5月22日，南北也门达成了协议，这个从1934年开始被英国割裂为两块的国家也完成了统一。

并不是所有分裂的国家都能轻易地统一，但多年的"冤家"也有握手言和的一天。1990年2月15日，英国和阿根廷的代表在西班牙马德里签署了一项协议，宣布恢复外交关系。这两个在1982年因为"马岛战争"势不两立的国家，远隔万里重洋，互相冷脸了8年，最终还是选择握手。9个月后，当初下令不惜一切代价要远征马岛的"铁娘子"撒切尔夫人宣布卸任英国首相——自她始，由她终。

撒切尔夫人

而英国在非洲殖民势力的终结，也在这一年又迎来了一个新的注脚：3月21日，纳米比亚宣布独立。这个拥有82万平方千米国土面积的国家，成了非洲第51个独立的国家，也成了20世纪非洲最后一个独立的国家。

纳米比亚原先叫西南非洲，被南非非法吞并，而南非曾是英国的殖民地。把自由还给纳米比亚，并非南非在1990年做的最引世人瞩目的一件事。就在一个多月前的2月10日，南非总统德克勒克宣布无条件释放一个在监狱里被关押了27年的人,这个人叫纳尔逊·曼德拉。

曼德拉被释放后来到了索韦托足球场,向12万人发表了他著名的"出狱演说",打动了全世界很多人,其中也包括一个28岁的香港青年。这个叫黄家驹的青年深受曼德拉事迹的激励,为此写了一首歌,取名为《光辉岁月》。

曼德拉出狱后和他的妻子温妮在一起

但1990年的世界,并非没有"冷风"。

这一年的1月3日,美国人把巴拿马实际上的掌权者、国防军总司令诺列加押送回了美国。就在15天前,2.7万美军突然侵入巴拿马。这场"巴拿马战争"只耗费了15天,诺列加虽然组织了抵抗,但双方实力差距实在太大,他最终只能选择向美军投降。

尽管诺列加作为军事独裁者，在巴拿马政坛充满争议，但美国公然入侵一个主权国家的做法，还是给全世界留下了深刻印象。

1990年最让人震惊的侵略事件还在后面。

7个月后的8月2日凌晨1点，在350辆坦克的引导下，伊拉克共和国卫队的三个精锐师在空军、海军和两栖特种部队的配合下，如同潮水一般扑向了几乎手无寸铁的邻国科威特。

伊拉克的坦克部队进入科威特

尽管并非没有心理准备，但孱弱的科威特军队实在无法抵挡眼前这支刚刚经历过"两伊战争"，配备先进武器的虎狼之师。伊拉克的部队在短短几个小时之内就杀入科威特的首都科威特城，包围了王宫。在那里，伊军遭到了科威特王室亲卫队的激烈抵抗，而带领亲卫队的，就是国王贾比德的弟弟法赫德亲王。

当伊拉克入侵科威特的消息传来后，科威特的王室立刻就做出了去沙特阿拉伯避难的决定，但法赫德亲王拒绝了这个要求，理由是："当国家遭遇危难的时候，必须有王室成员带头站出来抵抗！"

法赫德亲王和王室亲卫队战斗到了最后一刻——他在射完最后一颗子弹后，被伊军射中，倒在了王宫的楼梯扶手旁，据说临死前还保持着射击的姿势。他的两个儿子也跟随他一起在战斗中阵亡。

伊拉克前后只花了14个小时就占领了科威特的首都科威特城，第二天占领了科威特全境，随后宣布科威特从此并入伊拉克，成为伊拉克的第19个省。美国入侵巴拿马之后是扶持亲美政权，而伊拉克是直接吞并了一个主权国家。

1990年，是世界反法西斯战争胜利45周年，但全世界依旧暗流涌动。当年同一个战壕里的"盟友"和当年的"敌人"，早已混杂在了一起，形成了新的两大阵营——而在这一年，很多人都认为，其中的一大阵营其实已经消失了。

1989年，日裔美籍学者弗朗西斯·福山提出了著名的"历史的终结"这个观点，两年后又进一步做出了总结：

西方自由民主制度可能是"人类社会演化的终点"和"人类政府的最高级形式"。

这个观点在1990年似乎正在一步步成为现实，但福山当时肯定不会想到，他在27年后接受采访时只能实事求是地承认：

"历史的终结被推迟了。"

因为在1990年，有一个社会主义国家，虽面临一片逆境，却依旧奋力前行。

3

1990年，中国的经济面临严峻的挑战。

1988年，中国的GDP（国内生产总值）增速高达11.2%，但处于经济过热状态，政府的紧缩政策没有取得满意效果，导致1989年的GDP增速断崖式下跌，骤降至4.2%，1990年更是降到了3.9%——这是"文革"结束到那时为止，中国经济增长最慢的一年。

高额的赤字迫使政府在1989年改变决策，大幅度调高贷款利率，导致危机又恶性循环般转嫁给企业，这种结果在1990年彻底浮出水面，以至于中国出现了一个新名词"三角债"——银行提高贷款利率，商业企业为减成本改购进为代销，生产企业生存困难向原材料企业转嫁成本，成为"连锁负债"。

市场疲软，正规产品积压，却带来了另一个衍生效应：假货横行。

财经作家吴晓波在他的著作《激荡三十年》中这样写道：

"1990年的中国，是在一片打击假冒伪劣的讨伐声中开始的。"

这种"假冒伪劣风"甚至刮到了主管领导的身上。1990年7月，商业部部长胡平去湖北调研时临时买了一双皮鞋，只穿了一天就坏了。愤怒的部长这才发现，这双鞋是"三无产品"。

这个故事后来被新华社记者陈芸知晓，她写了一篇通讯《商业部长买鞋上当记》，轰动全国。

国外风云突变，国内又发生了特定事件，用"内忧外患"来形容1990年的中国，从某种意义上说并不夸张。《人民日报》记者凌志军的《变化》一书中，第一部记录的就是1990年到1991年的那段中国历史，他给这部分取的题目叫作"谷底"。

既然已在谷底，要么躺平，要么就往上爬。

往上爬是需要支撑点的。在改革开放进行到第13个年头的时候，除了广东、福建沿海及海南的五个经济特区之外，中国还在寻找另一个威力更大的"超级发动机"。

1990年3月初，邓小平在同几位中央负责同志谈话时提出：

"机会要抓住，决策要及时，要研究一下哪些地方条件更好，可以更广大地开源。比如抓上海，就算一个大措施。上海是我们的王牌，把上海搞起来是一条捷径。"[①]

[①]《邓小平文选（第三卷）》，人民出版社，1993年，第355页。——编者注

上海，这座曾经以一己之力贡献了全国 1/6 财政收入的城市，再一次站到了舞台中央。1990 年 4 月 18 日，国务院总理李鹏在上海代表党中央、国务院正式宣布：

中央决定同意上海市加快浦东地区开发。

全国看上海，上海看浦东。

这块面积大约 350 平方千米，在黄浦江以东、长江口西南，紧邻上海外滩的三角形地区，由此迎来了一轮前所未有的快速腾飞。

浦东开发 30 年的照片对比

不过，在以上海为代表的长三角经济强势崛起之前，改革开放的前沿阵地广东和福建沿海，依旧是当时中国经济最有活力的地区。

1990年2月5日至8日，国务院经济特区工作会议在深圳召开。会上公布了一组数据：

截至1989年底，五个经济特区（深圳、珠海、汕头、厦门、海南）已批准外商投资项目5700多个，协议外资金额94亿美元，实际利用外资41亿美元，占全国的1/4以上；五个经济特区1989年的工业产值接近300亿元，是十年来中国经济实力增长最快的地区；五个经济特区1989年外贸出口达38.5亿美元，占全国出口总额的近1/10。

率先打开国门，让那里的中国人也见到了一些从未见到甚至从未想到的新鲜事物。

1990年10月8日，中国内地第一家麦当劳餐厅在深圳开业。这家位于解放路光华楼西华宫的麦当劳，成了当时内地唯一一家能同时用港币和人民币支付的麦当劳。

开业那天，拥有500个座位的麦当劳餐厅被挤得人山人海，以至于公司不得不从香港临时调员工来帮忙，每人每天要忙10个小时，还不能满足顾客需求。

虽然当时深圳已经成为改革开放的前沿阵地，但深圳的男女老少去麦当劳还是像下高级馆子一样。当时流行的汉堡吃法是：先小心刮掉那层芝士，而后吃掉牛肉饼，再吃掉生菜，最后就着可乐吃完上下两片面包。

位于深圳的中国内地第一家麦当劳

让人大开眼界的，并非都是好事。

1990年10月2日，中国发生了通常只在西方电影里才能看到的那种夸张的劫机事件。

那一天，一名叫蒋晓峰的劫机者在一架开往广州白云机场的波音737飞机上强行闯入驾驶室，声称身上有爆炸物，威胁机长将飞机飞往台湾寻求政治庇护。机长借口飞机燃油不够，继续飞往广州白云机场。

在飞机已经着陆滑行的时候，机舱内发生了格斗，之后飞机失控，接连撞上机场里的另两架飞机，造成三架飞机全部报废，128名乘客因此遇难。

1990年震动全国的"白云机场劫机事件"

经济问题和社会治安问题，始终是每一个国家面临的重要问题。不过有时候，老百姓也很关注一些其他话题。

4

1990年的夏天，在球迷中有一个专门的名词，叫"意大利之夏"。

那一年，彩色电视机已经开始慢慢进入中国人的家庭，不少球迷是有生以来第一次通过彩色荧屏感受五彩缤纷的足球世界。不过，略微有些遗憾的是，1990年的意大利世界杯，总进球数为 115 个，场均进球数为 2.21 个，创造了一项尴尬的吉尼斯世界纪录：平均进球数最少的一届世界杯。

阿根廷队与联邦德国队最终闯入了决赛，但阿根廷队成了世界杯历史上第一支在决赛中没有进球的球队，并且有两名球员被红牌罚出场外。

带伤上阵的"球王"马拉多纳率领主力缺席（卡尼吉亚停赛）的阿根廷队试图将比赛拖入点球大战，但联邦德国队在第 85 分钟获得了一个争议点球后破门，最终阿根廷队 0 比 1 告负。比赛结束后，马拉多纳泪流满面，并且拒绝和国际足联主席阿维兰热握手。

世界杯是全世界最高水平的足球赛事盛典，但对于中国球迷而言，1990 年足坛最激动人心的事，可能发生在这一年的 4 月 29 日。

这一天，第 9 届亚洲足球俱乐部冠军杯决赛第二回合在沈阳的五里河体育场打响。当时国内最强的辽宁东药队迎战日本尼桑队（J 超联赛横滨水手队前身）。

直到 30 年后，互联网上都有人发帖求那场比赛的首发名单，因为这张名单可能代表着一代东北球迷乃至中国球迷的回忆。

主教练：李应发

领队：崔大林

上场队员：傅玉斌、赵发庆、李强、高升、李争、李毅、徐晖、孙伟、唐尧东、傅博、黄崇

双方在90分钟内战成1比1平，由于辽宁队在之前第一回合的客场以2比1战胜了对手，所以最终以3比2的成绩获得了冠军——这是中国的足球俱乐部有史以来获得的第一个亚洲冠军。

涌进6万球迷的五里河体育场赛后成了欢乐的海洋，而下一次出现这样的欢庆场面，还要等到11年之后。

当时这支球队队员的平均月工资是180元，出国打比赛往往会自己烧开水喝，把主办方提供的矿泉水带回来当礼物送给亲友。

不过，那年中国体坛乃至亚洲体坛最重要的事，肯定不是亚俱杯，而是亚运会。

1990年9月22日，第11届亚运会在中国的北京隆重开幕，来自亚奥理事会成员的37个国家和地区的体育代表团的6578人参加了这届亚运会。中国派出670名运

辽宁队队员赛后将东北大帅李应发抛了起来

动员参加了全部27个项目的比赛和2个表演项目。

对于当时迫切希望融入世界大家庭和向世界证明自己的中国来说,举办亚运会是一个非常好的抓手和契机,这从那届亚运会吉祥物的名字就可以看出来:盼盼。

在不少老北京人的回忆里,1990年北京亚运会引发的全民关注度,一点都不亚于2008年的北京奥运会。当时北京的许多公交车里都挂上了一块小黑板,写着"今日奖牌榜",记录当日中国运动员获得的成绩,每次售票员用粉笔更新数字,车厢里就会迎来一片欢呼声。

大街小巷里,人人哼唱的是刘欢和韦唯的那首《亚洲雄风》,甚至有人在小发廊吹着高高隆起的头发时,都会唱上一句"山是高昂的头"。很多人至今以为这首歌是北京亚运会的主题曲,其实并不是,那届亚运会的主题曲是《燃烧吧,火炬》。

全民支持办亚运,真的不是嘴上说说而已。在经济情况并不乐观的1990年,中国要举办一场前所未有的国际运动会也面临许多困难。1989年下半年一盘账,最后资金缺口还有6亿元。于是,亚组委专门成立了集资部,号召民众集资,在此背景下,新中国体育史上又出现了一个"第一":亚运会体育彩票开始在全国发行。刮一张1元面值的彩票,无论中不中奖,都是为亚运会做一份贡献——有不少老百姓都是中了奖后,还是把奖金都捐给了亚组委。

北京亚运会体育彩票

除了购买体育彩票，全国上下还掀起了一场捐款运动。从名人到普通人，每个人都发自内心想出一份力。

当时江苏盐城五年级的小学生颜海霞，在报纸上看到了时任北京市副市长张百发号召全国人民捐助亚运会的文章。她在一个信封里塞入了自己平时节省下来的1.6元钱，也不知道寄给谁，就写了"张百发叔叔收"，然后寄了出去。后来这份捐款几经辗转真的到了亚组委，幸运的颜海霞后来还受邀出席了亚运会开幕式。

但对负责亚运会基建工程的张百发而言，资金问题解决了还不够，还有按时完成亚运场馆建设的问题。当时他立下重誓：

如果不能如期完成亚运工程，他就从那时北京最高的建筑——208米高的京广大厦顶楼跳下去。

回到指挥部，张百发很快将压力传递了下去，他对7个副总指挥说：

"要跳楼你们7个先跳，你们跳完了我才跳呢。"

北京亚运会最终还是如期开幕了。在开幕式上，亚奥理事会副主席致了发言词。这个环节本来应该是由亚奥理事会主席来完成的，但已经不可能了——在伊拉克入侵科威特战争中战斗到最后一刻牺牲的那位法赫德亲王，正是亚奥理事会主席。

法赫德亲王在任期间力主让中国举办1990年亚运会。由于当时国际舆论认为北京不安全，他带着自己的妻子和女儿专门到访北京作为表态，鼓励北京办好这届新中国成立后中国举办的最大的国际体育运动会。为了在开幕式现场致辞，他还专门学习了中文。

在开幕式的运动员入场式上，已经失去"祖国"的科威特运动员代表入场，现场的很多中国观众都自发起立为他们鼓掌。

5

1990年离世的，当然不止法赫德亲王一个人。

这一年的2月8日，许德珩逝世，享年100岁。许德珩被人熟知的身份是九三学社的主要创始人，其实他还是一位科学家的老丈人。他的女儿许鹿希嫁给了一个对自己所做工作要严

1963年，许德珩和邓稼先以及孙辈们在北京香山公园合影留念

格保密的男人，名叫邓稼先。

1964年，许德珩拿着刊登着《我国第一颗原子弹爆炸成功》的10月16日《人民日报》号外问中国科学院副院长严济慈：

"谁那么大本事啊？全国人民都应该感谢他！"

严济慈笑着对他说：

"去问你的女婿啊！"

1990年3月5日，一位叫孙敬修的老人过世了。现在的孩子听到这个名字都已经很陌生了，但对于上几代人而言，孙敬修等同于"故事大王"。他播讲的故事，是那个年代几代孩子共同的回忆。

只是这位给孩子讲故事的老人，也无法在"文革"中摆脱厄运——有人指责他的名字是在致敬"修正主义"，以至于有一天他在自家楼下贴了一张大字报：改名叫"孙灭修"。

1990年诞生的中国孩子，已经无缘听到孙敬修老爷爷讲的故事了。事实上，他们这代人将经历的是一个与上一个十年有很多不同的新十年，而自这一年开始的十年内出生的孩子之

"听孙敬修爷爷讲故事",是当年孩子们都熟悉的一句话

后都会被冠上一个集体标签:90后。

在这一年,有三个和民国历史颇有渊源的人相继去世。

一个叫于凤至,她19岁的时候由家人决定,嫁给了一个比他小4岁的男人,名叫张学良。1964年的时候,已经67岁的于凤至在美国被迫接受了蒋介石的安排:与张学良离婚,以断绝张学良赴美之念。她在回忆录中写道:

"我思考再三,他们绝不肯给汉卿以自由。汉卿是笼中的鸟,他们随时会捏死他,这个办法不成,会换另一个办法。为了保护

于凤至

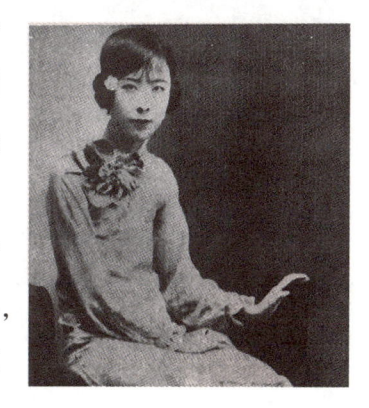

汉卿的安全，我给这个独裁者签个字。但我也要向世人说明，我不承认强加给我的、非法的所谓离婚……"①

1990年3月20日，92岁的于凤至因心脏病发作病逝于洛杉矶宅邸。她自1940年因治疗乳腺癌前往美国之后，再也没见过张学良一面。

因蒋介石而郁郁寡欢逝世的，还有孙立人。

这位在抗日战争中两次率中国军队入缅作战、表现神勇的将军，随国民党败退到台湾后受到了蒋介石的猜忌，于1955年被怀疑"叛变"而被软禁，消失在公众视野。直到1988年，国民党当局才派人告知88岁的孙立人"有一切言论自由，可以见任何想见的人"。

可惜，曾被称为"东方隆美尔"的孙立人只享受了两年自由，就与世长辞。

这一年去世的，还有被称为"一代儒宗"的钱穆。

1967年开始赴台定居的钱穆，并没有受到蒋介石的打压，恰恰相反，他是被奉为上宾的。也正是因为这点，后来

孙立人

---

① 于凤至，《我和汉卿的一生（三）》，《钟山风雨》，2006年第2期。

有不少人以此诟病钱穆，李敖就曾对他相当不屑：

"历史上，真正的'一代儒宗'是不会倒在统治阶级的怀里的！"

但随着钱穆的档案逐步公开，学者们发现，钱穆与蒋介石每次会面都有谈话记录，从记录看，钱穆从未向蒋索要过什么，也没有讲过任何谄媚的话。所以也有人评价，钱穆只是对蒋有过高的期待。

对于这一点，钱穆生前其实可能看得比旁人更清楚一点：

"我想讲历史，更可叫人不武断。因事情太复杂，利弊得失，历久始见，都摆开在历史上。"

钱穆

6

1990年，是历史上诸多事件的整数"周年"。

从这一年上溯 150 年，英国人用大炮强行轰开了天朝上国的大门；上溯 130 年，英法联军闯进了圆明园；上溯 90 年，八国联军杀进了北京城；上溯 45 年，中国人民在抗日战争中取得了最终胜利；上溯 40 年，中国人跨过了鸭绿江，和以美国人为首的 16 国联军在朝鲜战场直接刚正面。

就在这一年的 4 月 7 日，中国的"长征三号"火箭腾空而起，将美国休斯公司制造的"亚洲一号"卫星送入地球同步转移轨道，这标志着中国的航天事业开始进入国际航天发射市场。

三个月之后，中国第一枚大推力捆绑式运载火箭"长征二号 E"在西昌卫星发射中心试验发射成功，证明中国已经具有发射重型卫星的能力。

这一年，中国一直在寻求脚踏实地的经济"软着陆"，却也没有忘记仰望星空，探索未知的宇宙。

十年之交，风云变幻，征途漫漫，砥砺前行。

"长征二号 E"大推力捆绑式运载火箭发射时的场景

独家记忆·我的 1990[1]

天驰：千禧年到来前的 10 年，风波刚过，中国人是迷茫的，但也是热火朝天的。那时候城市还在用粮票，东方明珠还没造，工资还是一两百元，当出租车司机比做公务员更热门。如今，1990 年出生的"90 后"已经 30 多岁了。

heyan66：那年我 8 岁，第一次认认真真地看完了春晚，对红、黄、蓝队 PK 的印象太深刻了！亚运会开幕时，我挂了一脖子纪念牌守在电视机旁，看完还写了篇日记！对了，我有个堂妹在那年出生，名叫盼盼，如今已经是俩孩子的妈了。

等树长大：那一年我去了自大学毕业就想去的地方上班，那一年底我女儿出生。虽然在理想的单位工作，但 103 元的工资给女儿买 4 袋力多精之后已经没有吃饭的钱了。我和我们的国家一起在谷底砥砺前行，探索出路。后来，我的家庭和我的国家一样，越来越好。谢谢大师给了我回忆的机会。

CG：1990 年在上海读大学，挤在食堂的电视机前看亚运会开幕。转眼 20 年，弹指一挥间。2010 年又是个整数年，我举家迁居上海。又是十几年过去了，上海日新月异，世界风云变幻，许多事件都已入了历史。谁说一个人是个普通人呢，在大时代、大背景下，借用弦理论，个

---

[1] 内容选自"馒头说"公众号上本篇推文的读者留言，后同。

人的经历，是历史的一根弦。

乐在其中： 1990年，21岁的我大学刚毕业，被分配到学校当老师。第一个月的工资是72元，我拿出20元为亚运会捐款，剩余的给了我妈妈贴补家用。那时候的钱好值钱呀。

蓝色水晶： 是那一年的世界杯开幕式吗？印象里好像有女模走秀，里面"真空"上阵，外衣还是透明的，我爸赶紧捂上了我的眼睛，大人们都议论说老外太开放了。这一幕留给我的印象太深了，以至于我一直以为那是奥运会的开幕式（可能对于女孩子来说，世界上的运动会就只有亚运会和奥运会吧），后来才发现好像意大利只在我出生前举办过一届夏季奥运会，那应该就是这届世界杯了。

请回答1991

漫漫历史长河,每一年都会有每一年的变化。铭记过去,寄望将来,个人如是,国家如是,整个世界亦如是。

1

1991年1月4日,来自湖北武汉的一个叫伏明霞的小姑娘,创造了一项吉尼斯世界纪录。

在澳大利亚珀斯举行的第6届世界游泳锦标赛上,才12岁零4个多月的伏明霞,获得了女子10米跳台自选动作的冠军。

由此,她获得了吉尼斯世界纪录官方认证:全世界年龄最小的跳水世界冠军。

其实，在那届世锦赛上出名的中国女运动员不止伏明霞一个。21岁的中国女子游泳运动员林莉夺得女子400米混合泳和200米混合泳两枚金牌，成为中国游泳历史上的第一个世界冠军，而20岁的钱红和19岁的庄泳分别在女子100米蝶泳、50米自由泳中拿下一金。

尽管中国游泳的"五朵金花"要在一年后的巴塞罗那奥运会上才会一鸣惊人，但1991年无疑是她们蓄势待发的一年。当然，那时候的她们也不会知道，等待她们的不仅是大家的鲜花和掌声，也会有别人的质疑和愤懑。

1991年，中国足球第一次出现在了世界杯的赛场上，不过是女足——第一届女足世界杯在广州拉开帷幕。

那时候的中国队里，有个叫孙雯的18岁上海小姑娘，她在小组赛第二轮对阵丹麦队的比赛中打进一球，让人眼前一亮。只是那一届世界杯中国女足止步八强，孙雯还要再等8年，才会获得世界杯金球奖和金靴奖，而她和她的姐妹们到那时候也才会因为世界杯亚军的成绩，被国人称为"铿锵玫瑰"。

1991年的中国体育迷关心的不仅仅是足球，还有篮球。这一年，在美国的NBA（美国男子篮球职业联赛），有一支叫芝加哥公牛的球队，建队以来第一次捧起了总冠军奖杯。球队中那个叫迈克尔·乔丹的28岁得分后卫，成为中国最早一批

NBA球迷心目中的偶像。

但中国的体育迷最关心的，还是本国的体育。他们发现，那一年的中国体育界，巾帼全面压倒须眉。

那一年的10月，全中国的体育迷都在关注一项叫"国际象棋"的运动。尽管很多人连它的基本规则都没弄明白，但这并不妨碍他们每天都通过报纸和电视，疯狂地为21岁的北京姑娘谢军呐喊助威——她正在挑战的是世界冠军、格鲁吉亚棋手齐布尔达尼泽。

最终，谢军以4胜2负9和，积8.5分的成绩，一举掀翻了占据"棋后"宝座长达13年的齐布尔达尼泽，成了中国第一个女子国际象棋世界冠军，也成为国际象棋史上第一位欧洲以外地区的女子世界冠军。

不过，1991年，在体育方面，无论是跳水、游泳、足球还是国际象棋，论全中国老百姓的关注度、话题热度，都不可能超过这一个：

这一年的12月4日，在瑞士的洛桑，中国奥委会正式向国际奥委会递交了一份申请书——

申请承办2000年奥运会。

"开放的中国盼奥运！"全中国人民都开始怀着一种空前的期盼和憧憬。

2

申办奥运,是要有国力做支撑的。

1991年2月22日,国家统计局发布统计公报,该公报反映出1990年经济形势有严峻的一面,主要问题是"产成品积压增多、经济效益下降,财政困难加剧,潜在的通货膨胀压力加大"。到了年底,统计局的数据显示:全国企业实现利润下降67%,亏损总额已高达310亿元。

再把目光缩小一些,放到上海这个中国最大的工业城市。

20世纪90年代的上海南京路,那时候还没有改成步行街

1991年,美国《财富》杂志副总编辑小理查德·科克伦来到上海,说了自己的印象:

"只有一家接待外国人的饭店,只有大约 100 辆汽车,而且没有一栋摩天大楼。"

而另一个刚刚从东京来到上海的美国人的言论似乎更扎心:"看上去日本结束二战已经 50 年了,可是上海好像是昨天才结束战争。"

而蓬勃兴起的国内商品经济,也在 1991 年碰到了一些积累已久的问题。以至于在这一年 3 月 15 日晚上 8 点播出的一场晚会,成了全国的焦点,也开创了一个时代。

这场名叫"国际消费者权益日消费者之友专题晚会"的活动在央视 2 套播出,有唱歌,有舞蹈,有相声,但与其他晚会不同的是,晚会现场设了 10 多部热线电话,可以接受消费者的投诉。

这种前所未有的形式,让所有电视机前的观众眼前一亮,而当晚的焦点,就是现场的那十几部热线电话——全程都被打爆了。打不进电话的观众,抱着各种假冒伪劣的商品直接堵到了央视大门。一位退休的老干部更是搬来了一台劣质洗衣机。

在中国老百姓饱受假冒伪劣商品困扰的 1991 年开始举办的这个晚会后来改名叫"3·15"晚会。

在这样的氛围中,当时的国内媒体报道中已经出现了这样一些比喻:

经济特区是"和平演变的温床",股份制改革试点是"私有化潜行",企业承包是"瓦解公有制经济",而引进外资更是被称为"甘愿做外国资产阶级的附庸"。

在1991年,如何"预防和平演变"是一个重要的任务,但不知为何,"改革开放"被有些人悄悄腾挪到了对立面。

在1991年2月15日,也就是辛未羊年的正月初一,上海市委机关报《解放日报》的头版用半版刊登邓小平等人与上海各界人士迎新春的新闻报道和大幅照片,下半版加框出现了一篇大文章:《做改革开放的"带头羊"》。

这篇文章开头这样写道:

"亲爱的读者,当我们称颂'三羊开泰'之际,当我们互祝吉祥如意之时,您是否想到,我们正处在一个意味深长的历史交替点上?"

文章的作者署名,是"皇甫平"。

正如后人所知,这篇文章连同之后的三篇文章,拉开了一场震动全国的大讨论:

中国的经济到底是姓"社"还是姓"资"?

在这场大讨论中,各路媒体纷纷下场,一本叫《当代思潮》的杂志提出的观点引起相当一部分人的共鸣:

"有人确实把改革开放引向了资本主义的邪路。"

而当时支持《解放日报》的新华社《半月谈》提出,对"改革开放",不能任意提出"姓社还是姓资"的诘难——《半月谈》因此受到了其他一些中央媒体的批判。

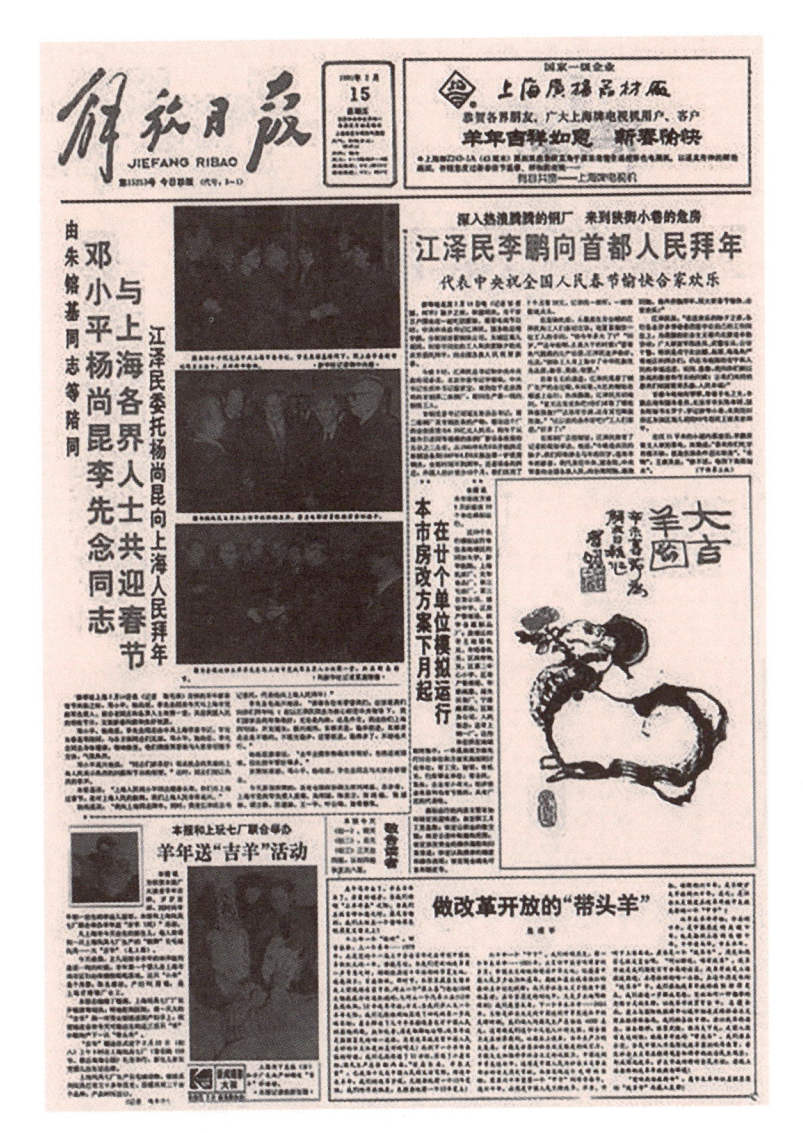

1991年2月15日《解放日报》头版

尽管这场大讨论的结果要到1992年上半年才慢慢浮出水面，但在1991年，上海发生了两件事，似乎可以提供一些细节作为参考。

11月21日上午，国务院总理李鹏视察上海证券交易所，目睹了交易所里的热闹场景。之后的1992年3月20日，他在第七届全国人民代表大会第五次会议上作政府工作报告，指出：

"要积极进行发行股票和证券交易市场的试点工作，抓紧人员培训，完善规章制度，健全交易秩序，使股份制经济为社会主义建设服务。"

而就在李鹏总理视察上海证券交易所的两天前，横跨上海黄浦江的第一座特大型斜拉桥——南浦大桥正式竣工。

上海南浦大桥

以前饱受过江不便之苦的上海市民，终于在隧道和轮渡这两个过江方式之外有了第三个选择，不少市民由衷赞叹：

"这下真的是天堑变通途了！"

在大桥的主塔正上方最醒目位置，是"南浦大桥"四个书法题字，笔力强韧，破阵摧坚。

题字的人，是邓小平。

3

在1991年，让党和国家领导人忧心的，还不只是经济。

自5月开始，一场特大洪涝灾害席卷华东，仅受灾最严重的安徽和江苏两省，受灾人口就超过8000万，因灾死亡1163人，倒塌房屋349万间，农作物受灾面积达966万公顷，绝收面积达184.7万公顷，经济损失高达484亿元人民币。

就在这一年的11月，香港上映了一部史无前例的电影：《豪门夜宴》。

这部电影由徐克等人执导，王晶等人编剧，演员阵容汇聚了当时香港叫得上名字的几乎所有当红演员：张国荣、张曼玉、刘德华、梁朝伟、刘嘉玲、周星驰、王祖贤、梁家辉……

这部电影只用了四天四夜就拍摄完成，质量可想而知，但这部电影之所以堪称绝无仅有，是因为上百位电影明星都是零片酬出演的，剧组将所有的电影票房——2000多万港元——连同其他捐款，全都捐给了华东水灾的灾区。

根据相关部门公布的数据，截至1991年12月31日，共收到境内外捐款25亿多元，其中香港就捐了4.7亿港元，台湾捐赠了300万美元，澳门捐赠了2000万澳门元，港澳台同胞的捐款占到了全部捐款的四分之一强。

对港台娱乐圈而言，1991年是一个值得纪念的年份。

这一年，之前已经初露王者之相的周星驰彻底奠定了自己"喜剧之王"的地位。他出演的《逃学威龙》以4382万港元的票房成绩成为香港年度票房冠军，而他当年的另两部作品《整蛊专家》和《赌侠2》的票房分别是3138万港元和3136万港元，同样让人望尘莫及。自此之后，"双周一成"（周星驰、周润发和成龙）的名号开始流传江湖。

这一年，一直在苦苦寻找自己角色定位的李连杰终于遇到了一部足以树立个人IP形象的电影：《黄飞鸿之壮志凌云》。导演徐克眼光精准地选择了李连杰，而李连杰没有让他失望：静则儒雅英气，动则赏心悦目，一代人心目中的"黄飞鸿"形象就此奠定。

这一年，小虎队推出了第五张专辑《爱》，在台湾地区一周的销量就超过了15万张，两周在亚洲销售了200万张。其中的主打歌曲《爱》以及《蝴蝶飞呀》，很多现在已经步入不惑之年的人都依旧会哼唱。

这一年，Beyond乐队推出了第二张专辑《光辉岁月》。这支同样影响过中国整整一代年轻人的摇滚乐队，在这一年的年末做出了一个重大的决定：正式进军日本乐坛，并将演艺重心转到日本。

这一年，有两部后来在中国引起轰动的电视剧问世了。

其中一部可能现在有很多人只有依稀印象了，那就是台湾地区出品的电视剧《家有仙妻》。这部电视剧后来在大陆播出时一度达到家喻户晓的程度，但如今很多人可能已经记不起女主角的名字。不过借助互联网短视频的传播，那首经典的片头曲《失恋阵线联盟》却经久不衰，人人哼唱。

另一部，现在依旧是中国很多已步入中年的男女心目中的爱情精神图腾：由日本富士电视台在1月7日推出的《东京爱情故事》。

铃木保奈美饰演的赤名莉香成为几代人心目中永远的经典，她那灿烂的笑脸，一直让人铭记在心，而那首主题曲《突如其来的爱情》，一旦前奏响起，至今依旧能让很多人怦然心动。

正如歌词所唱的那样：

"不知该从何说起，时间在悄无声息地流逝。"

4

1991年，中国有一部战争巨作上映：《大决战之辽沈战役》。

这部"解放战争三部曲"的"头炮"连同后面两部，直到现在还被引为国内战争片的经典之作。而就在这部电影上映前，亲历辽沈战役的一位重要人物逝世了，他就是国民党原陆军中将郑洞国。

1948年10月21日的那个凌晨，率军死守长春半年之久的国民党第一兵团司令官兼吉林省主席郑洞国，在长春中央银行大楼的最后据点陷入绝望。在准备自杀之际，他被直属部队劝说，放下武器投降。

中华人民共和国成立后，郑洞国历任中华人民共和国水利部参事、国防委员会委员和多届全国政协委员及常委。在晚年，他发表最多的讲话，是向台湾方面喊话，希望海峡两岸能早日和平统一。

1991年，去世的不止一位将军。

这一年的9月17日，共和国的开国上将宋时轮与世长辞，享年84岁。宋时轮戎马一生，历经大小百场战役，必然会有无数难忘的回忆，而其中应该会有那一幕幕冰天雪地的场景。

1950年11月，司令员宋时轮率领齐装满员的中国人民志愿军第九兵团开赴朝鲜，在气温低至零下30摄氏度的长津湖地区与战功显赫、装备一流的美国第十军进行了一场惊心动魄的血战——冰雪一战，多少英魂。

2021年，电影《长津湖》终于上映，全国影院人气爆棚，而很多人买票入场，流泪致敬的不是电影本身，而是那一段几乎曾被遗忘的历史。

但电影镜头不会拍到的是，在1952年第九兵团回国休整的时候，宋时轮曾在鸭绿江边朝着长津湖方向脱帽，弯腰，鞠躬，泪流满面。

军人见惯了战场上的生死，对生命有自己的理解，而有些人则会用另一种方式决定自己的生命如何终结。

最著名的一张志愿军人朝作战的照片

这一年的1月4日，一位著名的台湾女作家在医院手术后，被护士发现在厕所里自缢身亡，使用的自杀工具是尼龙袜。

这位作家叫三毛，与大陆漫画家张乐平的一部著名作品中的主人公同名。她一生留下过许多被后人津津乐道的句子，有些"名言"至今仍被青年男女知晓并传播，比如"看得不顺眼的话，千万富翁也不嫁；看得中意，亿万富翁也嫁"。而有些句子，则知道的人并不多。

比如她曾经说过：

"梦想，可以天花乱坠……理想，是我们一步一个脚印踩出来的坎坷道路……"

她的这些话如今对后人依旧有警示作用：分不清梦想和理想，结局往往是令人唏嘘的。

对于1991年的中国人而言，关于自杀的最大新闻绝非来自三毛。

这一年的6月5日，《人民日报》刊发了新华社的一条消息，称一个曾经全中国人都熟悉的女人在保外就医期间选择了自杀。

女人的名字，叫江青。

5

历史不会终结，历史只会见证终结。

1991年9月17日，朝鲜和韩国双双加入了联合国。这两个在半岛上对峙了近半个世纪的国家，尽管并没有结束互相宣战的状态，但在国际形势发生新变化的大环境下，都选择了先顺应时代潮流。

曾经用来对台喊话的军用大喇叭

这一年的4月24日，中国人民解放军驻福建部队发言人奉命宣布：设在厦门沿海地区的有线广播站和所属各站，一律停止向驻金门等岛屿的国民党官兵的广播喊话。

设在厦门大嶝岛上的超大军用喇叭，由此也结束了38年的喊话任务，之后成为一个观光景点。

用喇叭喊话的历史虽然结束了，但用其他媒介传话的方式不会改变。这一年的10月14日，国务院台湾事务办公室发言人发表讲话，针对才成立五年的台湾民进党将建立"台湾共和国"列入党纲一事，指出对于少数"台独"分子分裂民族、出卖国土的勾当，中国政府不会坐视。

很多时候，历史的终结不会只用和平的方式。

1991年1月17日，以美国为首的多国部队开始轰炸伊拉克首都巴格达，冷战期间的最后一场大规模战争——海湾战争正式爆发。

这场战争的结局不令人意外，但过程却让全世界震惊：

拥有120万常备军队、号称"中东第一军事强国"的伊拉克，居然只抵抗了40多天就全线崩溃。除遭受空中打击外，伊拉克部队地面防御作战坚持的全部时长居然不是以"天"而是以"小时"来计算——只坚持了100个小时。

在40多天的战斗中，伊拉克军队阵亡2.5万人，伤亡超过10万人，而多国部队的阵亡人数只有200多人，一共伤亡4000多人，其中有近3000人是非战斗受伤，100多人是非战斗阵亡。

海湾战争期间，美国的F-15E战斗轰炸机正在沙特的空军基地集结

这场凸显空中力量、电子技术和各种高科技的战争，将全世界对"现代化战争"的认知提升到了一个新的档次，也深深

震动了中国军界，成为中国的军队建设加快向现代化和信息化发展的动因之一。

当然，受震动最大的肯定不是中国，而是两个"超级大国"中的另一个：苏联。

1991年5月17日，应邀访问苏联的江泽民主席在克里姆林宫发表了一篇讲话，题目为《走向二十一世纪的中国》。然而在那个时候，又有多少人会想到，"苏联"这个国家，已经不会出现在21世纪了。

三个月后，震惊世界的苏联"8·19"事件爆发。仅仅三天之后，这场试图挽回苏联分裂的政变就宣告失败。8月23日，位于莫斯科的苏共中央大楼、苏共莫斯科市委大楼被查封。

随后，曾任苏联武装力量总参谋长的阿赫罗梅耶夫元帅在办公室上吊自杀，苏共中央办公厅主任克鲁齐纳跳楼自杀。苏共领导人有的被逮捕，有的自杀，大批苏联共产党党员干部失业。几天之内，执政74年，尚拥有近2000万党员的苏联共产党退出了历史舞台。

自杀的阿赫罗梅耶夫元帅在遗书中写道：

"当我的祖国即将灭亡，当我视为生命意义的一切都在毁灭，我已经无法继续活下去。年龄和过去的生活赋予了我放弃生命的权利。我已经斗争到底。"[1]

---

[1] ［白俄］S.A.阿列克谢耶维奇，《二手时间》，中信出版社，2016年。——编者注

阿赫罗梅耶夫元帅的预言并没有错，仅仅四个月之后，在西方传统节日圣诞节那一天，原苏共中央总书记戈尔巴乔夫宣布辞去苏联总统职务。第二天，苏联最高苏维埃共和国院举行最后一次会议，宣布苏联停止存在——这个曾经庞大且强大的国家联盟正式解体。

事实上，在此之前，苏联的15个加盟共和国都已经纷纷宣布独立，而其中最大最强的俄罗斯联邦成了苏联的唯一继承国，苏联在海外的一切财产、存款、外交机构、使领馆等均由俄罗斯接收。

大山崩塌，鸟兽作散，跨越世纪，余震不绝。多年以后，一句在俄罗斯流传的话，似乎能表达出很多人的复杂心态：

"谁不为苏联解体而惋惜，他就是没有良心；谁要是想恢复过去的苏联，他就是没有脑子。"

苏联"8·19"事件中，站在坦克上演讲的叶利钦。他当时是俄罗斯苏维埃联邦社会主义共和国总统

6

无论如何评价，忘记过去，确实都可以视为一种背叛。

1991年，是不少事件的整数"周年"。

这一年，是九一八事变爆发60周年。60年前，异国入侵，国耻难忘。

这一年，是中国共产党成立70周年。70年前，开天辟地，踏上征程。

这一年，是辛亥革命爆发80周年。80年前，混沌初开，大门初启。

漫漫历史长河，每一年都会有每一年的变化。铭记过去，寄望将来，个人如是，国家如是，整个世界亦如是。

"多少美好的东西消失和毁灭了，世界还像什么事也没有发生。是的，生活在继续着。"

这是《平凡的世界》中的一句话。

1991年，路遥凭借这部上百万字的心血之作，获得了当年的茅盾文学奖。

1991年，世界依旧不平凡，路途依旧还遥远。

独家记忆·我的1991

三张： 年已不惑，精读全文，不胜唏嘘。1991年，我清楚地记得，上初一的我买了人生中第一本杂志《足球世界》，封面是意大利的守门员曾加，从此就喜欢上了足球。一晃就30多年过去了，不知道下一个30年能不能看到国足再次出线的那一天。

阿源： 没想到1991年发生了那么多事情，作为一个80后，我都是经历了的，当时还在读小学，依稀还记得一些，经大师汇总在一起，原来那也是不平凡的一年。

lily-w： 1991年年初我读初三，大家一起拥到老师办公室听广播，海湾战争爆发。紧接着，8月我上高中，军训一周闭关出来，苏联发生了"8·19"事件。军训的晚上，同学在唱罗文的《尘缘》。

国标柴油配送卢梅： 1991年，我踌躇满志地读重点高中，1993年我落榜在家，这时有人送我一套《平凡的世界》，真正的人生在你最不经意的时候开始了。

乐风： 1991年，我15岁，是一名初三学生，特别喜欢时政体育类新闻。如今听大师一讲，又历历在目，恍如昨日。沙漠风暴、沙波什尼科夫、叶乔波、霍利菲尔德和福尔曼的拳击大战、第三届田径世锦赛、海因里希斯、阿克斯塔尔、詹宁斯、谢瓦尔德纳泽……一个个熟悉的名字和面孔又出现在眼前。我最喜欢、最崇拜的作家路遥也获得了第三届茅盾文学奖。感谢大师的讲解！

木鱼：那年考上大学，一生改变。30年后，其中一些同学还是最熟络的老友。

Z.：1991年，我父母一路坐着火车，从温州出发，到西安看市场，最后到乌鲁木齐做生意。

子非鱼：1991年，我5岁，刚换下开裆裤给弟弟，最后一年可以全天带着他满村乱跑……该上学前班了。

请回答 1992

"从来就没有什么救世主，也不靠神仙皇帝。

"要创造人类的幸福，全靠我们自己。"

1

  这一年的 1 月 4 日，中国和乌克兰签署建交公报，其中几段如下：

  中华人民共和国政府和乌克兰政府同意,在和平共处、相互尊重主权和领土完整、互不侵犯、互不干涉内政、平等互利及和平解决争端的原则基础上发展两国之间的友好合作关系。

乌克兰政府承认中华人民共和国维护中国领土完整的立场，只同中国的唯一合法政府——中华人民共和国政府建立和保持关系。

中华人民共和国政府尊重乌克兰的领土完整。

乌克兰东接俄罗斯，西邻波兰，地处亚欧敏感交叉点，历来为兵家必争之地。这个在1991年8月24日宣布独立的"欧洲粮仓"，迫切希望和世界各国尽快建立平等的外交关系。

而对中国而言，与乌克兰建交只是与诸多前苏联加盟共和国建交的其中一步，在此前一天建交的是哈萨克斯坦，同一天还有塔吉克斯坦，后一天是吉尔吉斯斯坦，再后一天是土库曼斯坦……

1992年，苏联这个巨人轰然倒地所产生的影响，并不仅仅局限于它原先的那些加盟共和国。

这一年的4月7日，美国承认波黑、克罗地亚和斯洛文尼亚三个共和国独立；20天后，塞尔维亚和黑山组成的南斯拉夫联盟共和国宣告成立。曾经的南斯拉夫彻底解体。

那个名字被一代人读来朗朗上口的国家——捷克斯洛伐克在这一年举行了大选，在大选中获胜的两个政党于7月23日同意把国家分为两个独立的主权国家：捷克和斯洛伐克。（两国于1993年1月1日正式成为独立主权国家。）

1992年，苏联解体的余震仍在世界范围内回响。资本主义世界乐见其成，期待多米诺骨牌继续发出"悦耳"的声响，而社会主义国家则在研究和反思，如何从中吸取教训，避免重蹈覆辙。

或许，那个48岁的阿肯色州州长能给出一个重要参考答案。

这一年，这个叫比尔·克林顿的人击败了谋求连任的乔治·赫伯特·沃克·布什，成为美国的第42任总统。

有些分析评论家感到疑惑：经验丰富的老牌政客布什带领美国漂亮地打赢了海湾战争，为什么却无法连任？

克林顿团队的竞选口号或许点出了关键：

"笨蛋，是经济！"

2

1992年元旦，时任中共广东省委副秘书长陈开枝在南海检查工作，忽然接到省委书记谢非打来的电话："我们盼望已久的老人家要来了，请你赶快回来研究一下总体安排和接待警卫工作。"[1]

---

[1] 《11天改变一辈子》，《文摘报》，2018年6月26日05版。——编者注

陈开枝一听就明白了：邓小平要来了。

1992年1月17日，邓小平的专列从北京南下，沿途不停，18日抵达武昌，在武昌经停20分钟的时候，邓小平答应见一见早就等候在站台上的湖北省委书记关广富和省长郭树言。

没有寒暄，邓小平开口第一句就是："以经济建设为中心你们搞得怎么样啊？"[1]

1992年1月19日上午9时整，邓小平的专列驶进深圳火车站。抵达深圳后，他顾不上休息，要求马上安排考察和参观。在南方停留的十余天时间里，88岁的邓小平马不停蹄地考察园区、工厂、高科技企业。他既欣慰于深圳等改革开放前沿阵地的"闯"劲和成果，也不断提醒：

"不坚持社会主义，不改革开放，不发展经济，不改善人民生活，只能是死路一条。……只有坚持这条路线，人民才会相信你，拥护你。谁要改变三中全会以来的路线、方针、政策，老百姓不答应，谁就会被打倒。"[2]

在考察过程中，他特地提了一句：

"中国要警惕右，但主要是防止'左'。"[3]

在行车经过珠海拱北时，邓小平指着一座旧建筑询问那是

---

[1] 张宝忠，《跟随邓小平四十年》，中央文献出版社，2015年。——编者注
[2] 《邓小平文选（第三卷）》，人民出版社，1993年，第370页。——编者注
[3] 《邓小平文选（第三卷）》，人民出版社，1993年，第375页。——编者注

什么，被告知是清朝海关遗址。邓小平神情凝重地说了一句话："贫穷落后是要挨打的啊！"[1]

邓小平那年还去了深圳的"锦绣中华"微缩景区，在"布达拉宫"景区前，邓小平说："中国其他地方我都去过了，就是没有到过西藏。"于是，在他的建议下，大家分别和小平同志照了相，最后，小平同志全家在此照了合影。[2]

邓小平视察南方的讲话和精神很快被传达到各个层面，全中国人民从此明确了一个方向：一定要先把日子过好。

追求富裕生活的心情可以理解，但真正把理念和政策运用到实际生活中，绝非一路坦途。

这一年的8月9日，深圳"1992股票认购证"第四次摇号开始。受之前购买上海股票认购证一夜暴富神话的影响，从全国各地赶来涌进深圳排队购买新股认购证的人数居然达到了120万。

当时关于购买股票认购证的新闻报道

---

[1] 《11天改变一辈子》，《文摘报》，2018年6月26日05版。——编者注
[2] 张宝忠，《跟随邓小平四十年》，中央文献出版社，2015年。——编者注

由于是按身份证购买，有人以50元一天的代价从新疆雇用了1500人赶来排队，而现场有一个包裹被打开，里面有2800张身份证……百万人的长龙整整排了10个小时，其间还下过一场雷暴大雨。

当天晚上，500万张认购证就销售一空，许多人排队多时却并未买到，加上原定的收表截止时间被推迟，有人开始怀疑背后有舞弊行为。愤怒的情绪很快聚集成一股风暴，骚乱开始发生，大家要求"去市政府评评理"。政府只能又增发了500万张认购证以平复公众情绪。

之后经过调查发现，金融、检察、工商、公安等各部门确实存在截留认购证的情况，500万张认购证，在发售前总共在5个系统20家单位中被截留105 399张，多名干部因此受到处分。此次事件被称为"深圳8·10事件"。

政府的公信力因此大受影响，深圳股市在此后四天内狂跌8.1%，上海股市也受到波及，两天内跌幅达到19%。

当改革开放的第二个十年刚刚昂首起步的时候，很多人都开始意识到，经济高速发展的同时，一定要注意解决好一个千百年来老百姓最痛恨的问题：

"不患寡而患不均。"

总有一些问题，不会随着时代翻开新的篇章而消逝，它总是会考验一代又一代的人——尽管有的人会告别时代。

3

1992年7月11日，88岁的邓颖超在昏迷中离开了这个世界。

遵照邓颖超的遗嘱，她的秘书赵炜为她换上了那套已保存16年的旧西装，取出了被她保存16年的骨灰盒——西装是16年前组织给她定制的，骨灰盒是周恩来总理的。

邓颖超长期关心中国妇女的各项权益保护工作，并主持起草了新中国第一部《婚姻法》，为维护妇女的合法权益做了大量工作。而早在1930年5月，邓颖超牵头起草的《苏维埃区域的农妇工作》中就做出了原则性规定：

禁止买卖、强迫婚姻。

在邓颖超担任全国政协主席后，她关于保护妇女权益的各种讲话和精神被传达到中国的各个基层市县。

而就在邓颖超离世前不到三个月，当初和邓颖超同在《婚姻法》起草小组里工作的康克清也去世了，享年81岁。

在1992年的全国政协会议期间，康克清还在主持筹备全国政协妇女青年委员会，致力于保护妇女权益。早在1978年，时任全国妇联主席的康克清先后写了两封长信向中央提出申请修改《婚姻法》，希望能进一步保障妇女权益，严禁包办婚姻、强迫婚姻。

这一年离世的新中国缔造者和见证者，还有聂荣臻。他于

1992年5月14日因病逝世，享年93岁。

这位1955年被授勋的开国元帅的一生可谓传奇：做过地下工作，指挥过红军突围，以副师长的身份参与指挥了平型关伏击战，又以北京市市长的身份确保过开国大典的顺利举行，还担任过中国人民解放军代总参谋长。

但在他的诸多履历中，不能忽视的有一个头衔：国防科委主任。正是在他的领导下，中国的"两弹一星"工程取得了突破性进展。

而在1992年，"两弹元勋"在世者名单上，又少了一个名字——中国科学院原子能研究所研究员、原所长钱三强因病在北京逝世，享年79岁。

钱三强曾在20世纪50年代领导建成中国第一个重水型原子反应堆和第一台回旋加速器，为中国的原子弹和氢弹研制奠定了重要基础。

在中国第一颗原子弹爆炸成功后，西方媒体称钱三强为"中国原子弹之父"，但钱三强却表示不接受这种说法："我们中国人那是讲集体主义的，默默无闻更好。"

有些人明明可以万众瞩目，但他们甘愿默默无闻。而有些人曾经万众瞩目，并且期待能更进一步，但最终也默默无闻。

1992年8月3日，一个58岁的老人在保外就医的医院里离世。他在此前饱受肝病折磨，离世时身边只有几个家人陪伴。

《人民日报》在 8 月 5 日对他的离世发了一条简短的消息："林彪、江青反革命集团主犯王洪文因患肝病，于 1992 年 8 月 3 日在北京病亡。"

人终有一死，正如一位中国作家曾经说的那样：

"死亡，这是伟人和凡人共有的最后归宿。"

这位作家叫路遥。他于 1992 年 11 月 17 日因为肝硬化在病痛中离世，去世时连 43 岁都不到。

有人说，路遥太希望能留下一部伟大的作品，所以他愿意将所有的生命都为之燃烧。当他历时四年完成心血之作《平凡的世界》时，手已经因为长期握笔而成了鸡爪形，掰也掰不开。完稿那一刻，他将钢笔扔出窗外，放声大哭。

"生活总是这样，不能叫人处处都满意。但我们还要热情地活下去。"

这是路遥自己写过的话，但他却没有能在这个平凡的世界中生活太长的时间。

路遥

但更多的普通人，会继续平凡地生活下去，在各自的人生中留下属于自己的回忆。

4

在 1992 年的中国，很多平凡人家的孩子忽然都开始幻想能有一个"非人类"的神奇小伙伴。

那一年的 6 月 1 日，中央电视台推出了一部叫《小龙人》的儿童剧。一时之间，大江南北，几乎所有的孩子都会哼唱这部电视剧的片尾曲，以至于这一代孩子长大后，这首歌成了他们的"年龄暗号"：

"我头上有犄角，我身后有尾巴，谁也不知道，我有多少秘密……"

那个年代电视剧并不多，所以中国的孩子已经习惯和大人挤坐在一起，一起看大人看的那些电视剧。不过，如果有一些电视剧里大人的台词太难理解，或者反映的生活太过现实，孩子是没兴趣的。

但大人都喜欢看这样的电视剧。1992 年，有一部反映 80 年代社会各个热点的 25 集喜剧电视剧风靡大江南北，那就是王朔等人担任编剧，赵宝刚和金炎执导的《编辑部的故事》。

一个小小的编辑部，六个各有性格的编辑，演绎了一个又一个令人忍俊不禁又发人深思的故事。至今还有很多人对其中一些意味深长的台词记忆犹新，而这些台词很多都是出自那年已经 35 岁的葛优之口。

这位当年还看得到部分头发的"李冬宝"由此成了广大中国电视观众最喜爱的男演员之一,以至于那个年代的人甚至会对他拍的火腿肠广告中的台词记忆犹新:

——还想戈玲吗?

——戈玲是谁?

生活的现实有时可以成为幽默的佐料,但有时也可以客观展现。1992年9月7日,威尼斯电影节最佳影片金狮奖评选结果揭晓,一部来自中国的电影摘得桂冠。

这部叫《秋菊打官司》的电影由张艺谋导演,巩俐主演,讲述的故事似乎并不复杂:丈夫的下体被村长踢伤,妻子觉得处理结果不公平,由此顶着个大肚子,踏上了漫漫告状之路……

尽管当时国内对张艺谋的争议已经渐渐形成一定的声量,比如"总是向外国人展示中国人丑陋的一面","纯粹就是为了拿到外国人评的奖",但时至今日,这部电影在豆瓣网上的评分依旧高达8分以上。观众在下面留言感叹当时巩俐的美艳与朴实,张艺谋的大胆与细致。

20世纪90年代初,电视和电影早已成为中国人熟悉的娱乐方式,而对于那个年代的很多孩子而言,他们也拥有了自己人生的第一代"偶像明星"——主要都来自港台地区。

1992年,在香港的十大劲歌金曲颁奖典礼上,有一位叫张学友的香港男歌手收获颇丰，他的《分手总要在雨天》获得十大劲歌金曲奖、金曲金奖，《相思风雨中》获得最受欢迎男女合唱歌曲奖。他在这一年发售的《真情流露》粤语歌专辑仅在香港地区就劲销45万张，其中有9首登上香港流行音乐榜。

担任颁奖嘉宾的香港商业电台的俞琤对张学友提出："希望他能继续做一个好榜样，继续支持本地创作作品，让他不单是众望所归，更加无愧无悔成为90年代歌神的接班人。"这被认为是张学友"歌神"称号的由来。

那一年，香港娱乐媒体开始正式有了这样一个说法：把刘德华、张学友、黎明和郭富城并列在一起，称为"四大天王"。

但在1992年，凭借自己的作品风靡华语地区的歌手，绝不止"四大天王"。

那一年，25岁的香港歌手李克勤拿到了日本乐队大事MAN演唱歌曲《最重要的事》的改编权，他自己填了全新的粤语歌词并演唱，那就是很多人唱来激情澎湃的《红日》——这首歌直至今日，依旧可以在各大卡拉OK厅的"点歌排行榜"上进入前列。

那一年，31岁的台湾歌手郑智化唱了一首叫《水手》的歌，他略带沙哑且稍显单薄的嗓音，反而给这首歌增添了一种苍凉、凄苦却又暗带不屈的意味，成了那个时代很多学子做作业时必听的一首歌。

而那时的学生不仅需要"他说风雨中这点痛算什么"的鼓励，也希望在青春的迷茫中找到属于自己的方向，所以郑智化在这年年末推出的另一首歌《星星点灯》也毫无意外地大热：

"星星点灯，照亮我的家门，让迷失的孩子，找到来时的路。"

励志或抒发感情的歌曲，总是会受到年轻人的喜爱，如果再加上高亢的嗓音，那就很可能成为经久不衰的"神曲"。

那一年，26岁的中国台湾歌手张雨生刚刚服完兵役归来，在11月30日推出了专辑《大海》，大卖600万张。主打歌《大海》唱出了一代人的激情与憧憬：

"如果大海能够，唤回曾经的爱，就让我用一生等待……"

而在1992年，有一些热爱，只要有海，不需要用一生去等待。

5

1992年7月25日，第25届夏季奥运会在西班牙著名的海港城市巴塞罗那隆重开幕。

巴塞罗那奥运会是历史上首次呼吁"举办期间停止战争"的奥运会，也是一届久违的全球盛会：有169个国家和地区参加了本届奥运会，没有一家宣布抵制——上一次出现这种情况还是1972年慕尼黑奥运会，但那届奥运会被鲜血和恐怖蒙上了一层阴影。

巴塞罗那奥运会开幕式的点火环节，至今还给世人留下深刻的印象：

1984年、1988年两届残疾人奥运会射箭奖牌获得者，37岁的巴塞罗那选手雷波洛从轮椅上站起来，用奥运火种点燃箭头，然后准确地射向70米远、21米高的圣火台，圣火随之熊熊燃起。

为了确保点火万无一失，据说雷波洛之前至少练习了2000次，但另有一种说法是：如果当时他射不中，还有B方案——主火炬台将使用电子开关在那一瞬间点火，假装射中了。

而对于中国观众而言，1992年巴塞罗那奥运会可能是真正掀起"全民奥运热"的一届盛会。

一个原因是20世纪90年代初，电视机开始真正走入万千中国老百姓的家。新中国虽然在1984年就重返奥运会并取得了不错的成绩，但当时电视机并不普及，真正

雷波洛射箭点火

能收看实况转播的中国人并不多。

另一个原因是经历了1988年"兵败汉城"的低谷，中国奥运代表团在这届奥运会上一鸣惊人，取得了历史最好成绩：以16枚金牌排在独联体、美国和德国代表团之后，名列金牌榜第四位。

在那届奥运会上，中国军团留下了很多美好的夺金瞬间：伏明霞凭借女子10米跳台的金牌，成为吉尼斯世界纪录认证的最年轻的夏季奥运冠军；陈跃玲沉着冷静地拿到女子10千米竞走金牌，创造中国田径奥运史上金牌零的突破；身材瘦小的陆莉惊人地在女子体操高低杠比赛中以10分满分夺冠……

而一个真正神奇的纪录是中国女子射击运动员张山在双向飞碟资格赛中创造的：200发200中，100%的命中率。她最终也夺得该项目的金牌。

考虑到当时的双向飞碟比赛是男女混合比赛，状态上佳的张山在赛前一度差点被迫把参赛资格让给男选手，幸亏她据理力争，搭上末班车，最终奥运夺金。

200发200中是一个只可能被追平而不可能被打破的世界纪录，更重要的是，巴塞罗那奥运会后，国际奥委会就把这个项目改为男女分别参赛，所以张山的纪录就此前无古人，后无来者：唯一一个战胜男选手的奥运会女运动员。

1992年，不仅仅有奥运赛场的"神话"，还有足球赛场的

"童话"。

原本在预选赛就被淘汰的丹麦队,因为南斯拉夫队的缺席,在截止时间的最后时刻被邀请替补参加这一年在瑞典举行的欧洲足球锦标赛。

"我本来计划装修厨房,却被召回国家队,到瑞典去参赛。"丹麦队的主帅内尔森此前曾不无抱怨,最终他只能请一个专业工人帮他去装修厨房,而他和队员们抱回了一个欧锦赛的冠军奖杯——无人看好的替补球队丹麦队在那届锦标赛上一路过关斩将,最终居然获得了欧洲冠军。

拥有安徒生的丹麦最终创造了属于自己的"丹麦童话",而在这一年的广岛亚洲足球锦标赛上,中国男足却功亏一篑,没能创造"中德神话"。

由中国男足历史上首位外籍教练、德国人施拉普纳统领的中国男足,在亚洲杯一路杀进半决赛,遭遇了刚刚崛起的日本男足。在一场如今球迷已经很难想象的攻防大战中,中国队2比3惜败,失去了晋级决赛的资格,但在后来的第三名争夺战中,中国队以点球战胜了阿联酋队,获得了那届亚洲杯的季军。

值得一提的是,那届亚洲杯的预选赛,中国只是派出了广东省和广州市的联合队代表国家队参赛,就轻松获得了晋级决赛圈的资格。

施拉普纳统率的那届中国男子足球队

而越南队在预选赛就被淘汰了。

6

与之前和之后的年份一样，1992年很难用一个词去定义。

这一年，罗马教廷终于承认360年前对科学家伽利略的审判是一场"冤案"。也是在这一年，在人类早就认识到自己只是宇宙中渺小到如同一颗尘埃的群体后，美国洛杉矶因为白人对黑人的种族歧视而爆发了一场空前大骚乱，四天的暴乱导致63人丧生，2000多人受伤，财产损失达2000亿美元。

这一年，中国的考古学者在湖北荆州的鸡公山发掘出数以

1992年洛杉矶大暴动发生时的街头

万计的旧石器时代打制石器，把人类祖先在江汉平原生活的年代至少提前了 4 万年。也是在这一年，河南开封博物馆 69 件价值连城的文物被盗，涉案价值超过 6 亿元。虽然所有案犯均落网，但这个数字当年即便放在全世界范围内也算骇人听闻。

这一年，英国的保守党在选举中意外击败工党后继续执政，但民众最关心的话题是"国民王妃"

戴安娜与查尔斯王子

戴安娜宣布和查尔斯王子正式分居。

这一年，在美国的倡导下，美国、加拿大、墨西哥三国的《北美自由贸易协议》终于签署，但在26年后，美国总统特朗普却宣布废止这项协议，并在美墨边境筑起高墙。

这一年，除了和中亚各国建交，中国还和两个会引起一定连锁反应的国家建立了正式外交关系：以色列和韩国。有人因此评论：

"中国正展现出一种积极的姿态融入世界。"

这一年的10月12日，中国共产党第十四次全国代表大会在北京召开。在第二年的全国中考和高考前，几乎所有的初三和高三学生都将"十四大精神"背得滚瓜烂熟：

"抓住机遇，加快发展，集中精力把经济建设搞上去"；"坚持把马克思主义基本原理同中国具体实际相结合，逐步形成和发展了建设有中国特色社会主义的理论"；"我国经济体制改革的目标是建立社会主义市场经济体制"……

这一年，有一支叫"唐朝乐队"的中国摇滚乐队发行了自己的专辑《梦回唐朝》，其中，他们用一种独特的高亢嘶吼再一次演唱了《国际歌》：

"从来就没有什么救世主，也不靠神仙皇帝。

"要创造人类的幸福，全靠我们自己。"

独家记忆·我的1992

冷面王：1992年小平视察南方，算是中国市场经济快速发展的起点了。看看那个年代的影像，跟现在相比，恍如隔世。

乐风：1992年，我没有录音机，却花了3元钱在夜市上买了一盒郑智化的盗版磁带，现在也找不到了。为什么我的眼里饱含泪水，因为我正在读《平凡的世界》。

蓝色水晶：巴塞罗那奥运会还是美国职业篮球运动员第一次获准参加奥运比赛吧，但因为那时候马上要升初三了，我没能被允许熬夜看梦一队在赛场上贡献的梦幻般的表演。

Paolo：1992年，我10岁了。前一年，也就是1991年，我家有了摄像机，这在一个省会城市中都是很少见的，于是从1992年的春节开始，我就拥有了童年的影像。当时不觉得有什么，现在40多岁了，回过头看，那真是一笔无价的财富啊。

美junjun：1992年我弟弟妹妹出生，是龙凤胎，也是超生子，罚了款。我6岁，读小学一年级，知道弟弟妹妹的到来是违反了政策的。现在我们都30多岁啦，有稳定的工作，时间过得真快啊！

黄博：1992年随父母举家从和田迁往上海。

黛：1992年，我考进了大学。92561，我永远记得我们的班号。

汪彦辰：依然记得很清楚，1992年的夏天，一天晚饭后，电视里开始播放《小龙人》第一集。当时姥姥带着妹妹出去玩，我一人拿着小板凳坐在电视机前,傻傻地看着,后来才知道,这是风靡一个时代的电视剧。

韦芳菲: 1992年,我妈妈说,她那个时候正怀着我弟弟,挺着大肚子,跟我爷爷一起,带着我到处看医生。

Lumos: 那年我上小学二年级,我记得才成家的小舅在姥姥家半夜爬起来看奥运会。大舅有录像机和录像带,还录了很多。现在大舅、小舅都是爷爷辈的人了,这是我的记忆。

聽風: 我对1992年的记忆仅限于学校周边5千米,却不知当时有那么多有温度的故事。

请回答 1993

是迎难而上,还是知难而退?是愈挫愈勇,还是到此为止?

单单 1993 年,还不足以给出一个完整的答案。

把一切交给时间。

时间将证明一切。

1

1993 年的 1 月 22 日,是农历壬申年的最后一天,也就是除夕夜。

这一天,89 岁的邓小平第六次选择在上海过春节。在对上海各界人士的讲话中,他说:

"对于中国来说,大发展的机遇并不多。……上海人民在1992年做出了别人不能做到的事情。"[1]

事实上,在邓小平视察南方后,1992年的上海只是在起跑线上摆出了"预备出发"的姿势,真正全力奔跑,是从1993年开始的——从那一年起,上海开始了市民口中津津乐道的"一年一个样,三年大变样"。

在这一年,上海这座城市拥有了水上和地下的两个"第一"。

4月8日,全世界跨径最大的斜拉桥——杨浦大桥顺利合龙,并在当年的10月23日正式通车。上海市委机关报《解放日报》对此的评价是:

"奠定了中国在国际桥梁界的地位。"

杨浦大桥北起上海内环高架路,上跨黄浦江水道,南至张江立交;线路全长8354米,主桥全长1172米;桥面为双向六车道城市快速路,设计速度60千米/小时

---

[1] 《邓小平同上海各界人士共迎新春佳节》,《人民日报》,1993年1月23日第一版。——编者注

5月28日，上海地铁1号线南段（锦江乐园—徐家汇）开通并试运营。上海这座曾经的"远东第一大都市"终于在20世纪90年代初拥有了自己的第一条地铁，并成为继北京、天津之后第三个拥有地铁的中国城市。

1993年，上海人拥有了自己的城市地铁

这一年1月18日，上海东方电视台正式开播，很多老一辈上海人还清晰记得台歌的名字《风从东方来》，歌曲的第一句就是：

"风从东方来，风从东方来，吹醒海岸线上多年的睡梦。"

风起云涌，风起神州。在1993年，乘风而起的不只是上海这座城市。

在"以经济建设为中心"政策的号召下,全国各地从政府到民众都迸发出了巨大的热情,在经历了前几年艰难的经济爬坡之后,1993年中国的GDP突破3.5万亿元,增长率达到了13.9%。

但在一片火热的景象下,一些暗流也开始涌动。对于这个问题,除夕之夜邓小平在上海的讲话,似乎已有所提醒:

"走一步,回头看一下是必要的。要注意稳妥,避免损失,特别要避免大的损失。"[①]

2

1993年3月31日下午,一个身高不到1米6的男人在首都机场被公安逮捕,当时他带着三张身份证和一皮箱现金,正准备出逃国外。

这个男人的名字叫沈太福。他在1990年拿到了一项"节能电机"的专利后,似乎无意做好生产经营,而是以此作为一个"集资"的抓手:全中国无论男女老少都可以和他的长城公司签订"技术开发合同",投资额3000元起,上不封顶。而长城公司承诺每年的回报率是24%——当时我国的一年期定期

[①]《邓小平同上海各界人士共迎新春佳节》,《人民日报》,1993年1月23日第一版。——编者注

储蓄利率不到10%。

在民间投资热情极度高涨的1993年，沈太福在短短20天内就筹得了2000万元资金，并且"雪球"越滚越大，到了1993年3月，集资金额已经达到了10亿元。

但他的长城公司的电机一共只卖出了50多台，销售额只有600多万元。

此时的沈太福已经陷入了"自我癫狂"：他对外宣称已拥有300多项专利，手握15亿元的订单，甚至在收到中国人民银行"限期清退所筹集资金"的通知后，居然宣布要状告中国人民银行行长李贵鲜，索赔1亿元，同时对民众开出了48%的集资利率。

在沈太福看来，他受到过部级干部表扬，公司聘请了160多位司局级老干部，背后有10万投资民众撑腰——政府是不敢动他的。

膨胀巨大的气球在3月31日那天被戳破：沈太福上午召开中外记者会，下午在机场被抓，4月18日被宣布逮捕。半年之后，沈太福筹集资金的全国清退款比例达到90%，至于他本人，在1994年4月11日被执行枪决。

就在沈太福被宣布逮捕前三天，1993年4月15日，另一个叫禹作敏的人也被天津市公安干警逮捕了。

比起沈太福，禹作敏的"头衔"都是实打实的：第七届全国政协委员，连续多年的天津市优秀共产党员，全国优秀乡镇企业家，全国劳动模范……但他犯的错误和沈太福在本质上是一样的：在经济热潮中被冲昏了头脑，在膨胀的野心中失去了自我。

这位1930年出生的农民，在担任天津市静海县大邱庄生产大队党支部书记后，敏锐地抓住了改革开放的契机，大胆决策，建立了包括印刷厂、电器厂在内的一系列工厂。截至1992年底，大邱庄拥有工业企业200余家，固定资产总值15亿元，利润4.7亿元。

声名鹊起，荣誉加身，禹作敏的思想发生了变化，大邱庄慢慢变成了他自己的"小王国"，而他成了这个"小王国"里的"土皇帝"：私设公堂，滥用私刑，还开设猎枪厂非法制造和持有枪支弹药……在接连用暴力殴打致死两人之后，不但没有悔改，反而纠集1000多人与前来调查办案的公安民警对峙，筑街垒，发钢棍，并将6名公安干警非法拘禁13个小时。

一朝梦醒，一切破碎。在法庭上，禹作敏终于低下了头：

"大邱庄发展起来了，

禹作敏最后数罪并罚，被判处有期徒刑20年，剥夺政治权利2年

我的脑袋膨胀了，忘掉了法律，忘掉了精神文明。一直到被逮捕时，我还是糊里糊涂的……"

1993年的中国，随着经济发热的，确实还有不少人的头脑。在海南岛这个中国第二大岛上，一场"击鼓传花"式的房地产热潮也进行到了最疯狂的最高潮：

只有600多万人的海南岛上已经开设了2万多家房地产公司，无数相信"最后一棒不会是我"的人从全国各地赶来，拿着热钱一步步推高海南的房价。

1991年海南全省房地产平均价格为1400元/平方米，到1992年一下子飙升到了5000元/平方米，并在1993年上半年创下了7500元/平方米的奇迹——当时北京和上海的房地产平均价格不过1000元/平方米左右。

花依旧在传，鼓最终不出意料地停了，取而代之响起的是终场的哨声，以及长鸣的警钟。

1993年6月，国务院副总理朱镕基兼任中国人民银行行长。6月24日，中共中央、国务院下发了《关于当前经济情况和加强宏观调控的意见》，针对宏观调控颁布了16条措施，其中内容包括严格控制信贷总规模，提高存贷款利率，限期收回不合理的拆借资金，对所有在建项目进行一次清理、审核排队等一系列宏观调控措施——这就是后来坊间所称的著名的"铁血16条"。

雷声响起，甘霖尚未洒向大地，海南岛上的繁华泡沫已瞬间破灭：

全省95%的房地产公司陷入倒闭，数千家开发商卷款逃离。占全国总人口数仅0.6%的海南省留下的积压商品房数量占全国总量的10%。全省"烂尾楼"高达600多栋、1600多万平方米，闲置土地18 834公顷，积压资金800亿元。

海南的房地产泡沫破灭

但是任何有理智的人都知道，这种"击鼓传花"肯定会被喊停，且必须喊停。停得及时，是化长痛为短痛。

1993年，中国正式取消了一种几代人都熟悉的票据——粮票。这标志着中国长达几十年的粮食统购制度彻底结束，也是中国从计划经济走向市场经济的重要一步。

粮票取消，意味着商品经济时代彻底到来。而这一年的中国经济，犹如一架超高速飞行的巨大客机，它不可能永远高速平稳飞行，必要的时候，它需要放下起落架，寻找一种"软着陆"的方式。

而大多数普通的中国老百姓并没有多少渠道知晓那些幕后惊心动魄的博弈和较量，对他们而言，把自己的工作做好，把自己的小日子过好,就是对生活的一种负责。

3

1993年中国的大街小巷,你很难不让一首歌曲钻入你的耳膜:"千年等一回,等一回啊啊……"

1992年已经在台湾首播的电视剧《新白娘子传奇》,于1993年2月1日在大陆首播,已是不惑之年的赵雅芝扮演的"白娘子"形象深入人心,通吃各大城市的老中青三代。

如果说要"影响整整一代人",1993年播出的另一部电视连续剧也不遑多让,那就是《我爱我家》。

这部由英达执导,梁左主笔的家庭室内情景喜剧既有严肃性又有通俗性,不忘教育性兼顾娱乐性,各种故事和段子非常接地气,语言生动活泼,每个演员也各有特点、演技到位,以至于至今仍有很多70后和80后没事儿会点开一集,放到哪集看哪集,哪怕自己对情节和对白已经倒背如流。

不过相对于电视剧,1993年更被人记住的是中国电影——这一年,世界影坛的关键词是"中国"。

在1993年2月11日开幕的第43届柏林电影节上,最佳影片金熊奖下出了一个"双黄蛋",颁给了两部电影:中国陕西的导演谢飞执导的《香魂女》,以及中国台湾的导演李安执导的

《喜宴》。那一年李安39岁，此前一直需要妻子接济的他，终于开始走向自己的事业巅峰。

也就是在这一年，比李安大两岁的中国导演陈凯歌也迎来了自己的高光时刻：他执导的《霸王别姬》大杀四方，一举拿下了当年的戛纳国际电影节金棕榈奖，第二年的美国电视电影金球奖最佳外语片奖、英国电影学院奖最佳外语片奖和韩国电影青龙奖最佳外语片奖，并得到了奥斯卡金像奖的最佳外语片提名。

相比之下，依旧繁荣的香港电影圈在那一年还是沿着自己的轨道在稳定运行，并且总有些"无厘头"的故事。

王家卫在这一年按照自己的想法筹拍《东邪西毒》，投资商担心票房会惨败，于是由王家卫监制，刘镇伟用《东邪西毒》的原班人马拍了一部无厘头喜剧《东成西就》。这部赶上香港贺岁档的电影竟然收获了2346万港元票房，成了一部经典喜剧。

不过那一年的香港电影圈，"谁是大英雄"的提问毫无意义——要比"无厘头"，没有人比得过"无厘头之王"周星驰。这一年的7月1日，由他和内地当红女星巩俐主演的《唐伯虎点秋香》上映，一时轰动全港，斩获4017万港元的票房，成为当年的香港电影票房总冠军——这已经是周星驰主演的电影连续第四年获此桂冠了。

那一年的华语歌坛，也"神作"频出。

33岁的周华健凭借《花·心》专辑，全年拿下400万张的惊人销量，获得了1993年全球华语唱片年度销量第一名。这张专辑里的《花心》《明天我要嫁给你了》和《孤枕难眠》这三首歌曲，在30年后依旧赫然位列于各大卡拉OK厅的常点歌曲排行榜。

《花心》在这一年和其他三首歌并列为"四大神曲"，其中两首分别是邰正宵的《九百九十九朵玫瑰》和张学友的《吻别》，剩下一首很难得的是内地歌曲——一个来自辽宁沈阳的24岁小伙子毛宁，把一首歌词灵感来自张继《枫桥夜泊》的歌曲《涛声依旧》唱得风靡大江南北，甚至成了不少憧憬重温旧梦之人的暗号："这一张旧船票，能否登上你的客船……"

从古诗词中得到灵感的，不只是《涛声依旧》这一首歌。那一年，31岁的中国台湾歌手黄安抱着女儿在楼下散步的时候听到了一段古风音乐，迅速上楼记下谱子，最终选定了李白的《宣州谢朓楼饯别校书叔云》作为歌词来源，成就了同样火遍华语地区的《新鸳鸯蝴蝶梦》。

那时候新出的歌曲，很多时候不管是否主题贴切，都会作为当红电视剧的片尾曲播放，《新鸳鸯蝴蝶梦》就这样被安到了一部其实与它并不"搭界"的电视剧片尾。但由于那部叫《包青天》的电视剧在1993年实在太火，很多人也记住了这首片尾曲。那时候，在中国不少城市的大街小巷，都会听到有人先是豪情万丈地吼一嗓子："开封有个包青天，铁面无私辨忠奸。"然后又柔肠百转来一句："昨日像那东流水，离我远去不可留……"

同样是情歌，却有不同的风格。1993年，还有一首勾起无数人回忆的民谣，让中国很多名字中有"芳"的女性多了一个外号：小芳。李春波那年凭着这首《小芳》纵横中国歌坛，拿奖拿到手软。

"谢谢你给我的温柔，伴我度过那个年代……"

伴随老百姓柴米油盐生活的，当然不会只有影视和歌曲。

4

1993年的中国足坛，职业联赛尚未拉开大幕，但上海已注定留下一笔。

这一年的12月10日，以三灵电器厂为前身、以热水器为拳头产品的上海申花（集团）公司与上海市黄浦区联合创办注册了"上海申花足球俱乐部"，俱乐部董事长为郁知非，总经理为孙春明，总教练为徐根宝。

这是中国第一支由企业直接负责、脱离体委的职业足球俱乐部。这支青年军很快就在徐根宝的带领下投入了第二年的中

1995年夺得甲A联赛冠军的上海申花队全家福

国职业足球联赛,并在第三年以"抢逼围"的战术登上联赛冠军宝座,而"申花"这个队名历经30年风雨沧桑,此后一直未曾更改。

不过在1993年,上海人最关心的体坛头等大事并不是年末申花俱乐部的成立,而是5月9日在上海开幕的第一届东亚运动会。这是上海这座城市第一次举办国际大型体育赛事。

一共有9个国家和地区的1283名选手在10天的比赛里参加了12个项目的角逐,最终中国代表团获得105枚金牌,领先第二名日本代表

当年发行的第一届东亚运动会纪念邮票

团足足 80 枚金牌。

平心而论，在亚洲拿金牌已经吊不起很多中国人的胃口了，所以 1993 年让很多中国体育迷兴奋激动的，是在那一年举行的斯图加特世界田径锦标赛。

在这个进行世界田坛最高水平角逐的舞台上，由辽宁教练马俊仁率领的"马家军"横空出世：王军霞、曲云霞和刘东分别夺得女子 10 000 米、女子 3000 米和女子 1500 米三枚金牌。而就在不久之后的七运会上，"马家军"多人多次大幅度刷新世界纪录，震惊世界体坛。同年的西班牙世界马拉松赛，"马家军"包揽女子组前四名……

一时之间，马俊仁登上神坛，那句"锁（说）破啥就破啥，锁（说）样（让）谁破就样（让）谁破"的名言让人觉得无比霸气。而他把"马家军"的成功原因部分归结于神秘的"食补"，也让不少人"大开眼界"：人参、鹿茸，当然还有那全国人都知道的"秘密"——中华鳖精。

有些事需要时间来检验真假，但有些答案的揭晓就在眼前。

1993 年，不仅仅是体育迷，全中国人民都在一个重大事件上感受到了一种前所未有的挫败感：

这一年的北京时间 9 月 24 日凌晨 2 点 27 分，时任国际奥委会主席萨马兰奇在摩纳哥的蒙特卡洛路易二世体育场打开了那个让无数国人牵肠挂肚的信封——里面有一个城市的名字，而这座城市将举办2000年奥运会。

在打开信封前,他先用英语介绍了参与申办的几座城市,当他提到"BEIJING"(北京)的时候,无数熬夜守候在电视机前的中国人因为听不懂英语,已经兴奋地跳了起来,很多小区甚至响起了鞭炮声。

但萨马兰奇最终宣布的是:悉尼。

他通报结果的那一刻,现场的中国代表团一阵寂静,国内无数台电视机前的中国人呆若木鸡。

当时失望的中国助威团

长久以来,很多中国人都有一个信念:"只要能万众一心干一件事,就不可能干不成!"但1993年的申奥失利,恰恰给国人的那种自信降了温。

事后也有人从另一个角度解读1993年申奥失利的积极一

面：中国人进一步认清了自己，以及当时自己所处的国际环境。从那时起，如何在国际上展示自身形象，如何向世界讲好中国故事，开始被重视起来。

15年以后，很多当年守候在电视机前的中国观众，等到了北京"鸟巢"上空绽放的漫天烟花。

但是，并不是所有人都会等到那一天。

5

1993年2月4日，侯宝林因病去世，享年77岁。

这位年幼失学，12岁开始街头卖艺的相声大师，在人生最后的住院阶段还不忘和来看望他的朋友们开玩笑。他的离去，无疑是相声界的一大损失，但他也留下了许多宝贵的财富，

侯宝林（左）在表演中

只是看后人能不能继承。曾有媒体如此评价侯宝林的可贵之处：

"在旧时代，艺人社会地位卑下，又为生活所迫，不得不以低级趣味和感官刺激换取温饱，所以旧相声中含有许多糟粕。

侯宝林在当时的环境中却能出污泥而不染，坚持不'荤'、不贫、不打、不骂，以趣味隽永的文明相声求生存求发展。"

1993年，外国也有一位堪称艺术家的演员离世。

这一年的1月初，奥黛丽·赫本因为癌症的折磨，只能躺到床上。守候在床边的儿子问她是否还有什么遗憾，一直致力为联合国儿童基金会四处奔波的赫本说：

"没有，没有什么遗憾，我只是不明白为什么有那么多儿童在经受痛苦。"

1月20日，奥黛丽·赫本因为结肠癌病逝，享年64岁。

在她的葬礼上，和赫本结下一生友谊的纪梵希成了抬棺人，而当时已经77岁的格里高利·派克也专程赶来，与当年的女搭档含泪告别——他们曾一起主演了《罗马假日》。

如果说因病逝世还算可以预料的话，那么1993年另一些人的离世，则让人措手不及。

1993年5月，Beyond乐队发行粤语专辑《乐与怒》，让人热血沸腾的《海阔天空》成

赫本曾经告诉摄影师："别动我的脸（上的皱纹），那些都是我的收获。"

了这张专辑的主打歌,这首歌的歌词中有一句是:

"也会怕有一天会跌倒。"

一语成谶。

6月24日,黄家驹在日本东京富士电视台录制节目,为《乐与怒》做宣传。录制节目过程中,他不慎从2.7米的舞台上跌落,头部先着地,随后就陷入昏迷。

6月30日,在昏迷了7天之后,黄家驹被宣布不治,终年31岁。

同样经历了昏迷,1993年10月25日,香港艺人陈百强因逐渐性脑衰竭在医院去世,终年35岁。他在1992年5月18日以酒送服安眠药后昏迷,被送往玛丽医院救治,在之后的17个月中一直处于昏迷状态,最终再也没有醒来。

有人在昏迷中去世,而有人则以近乎惨烈的方式告别人间。

在这一年的4月1日0点30分,正在片场拍摄电影《乌鸦》中一场枪战戏的李国豪,被一把道具枪射出的真子弹击中了腹部,不久就因为失血过多而身亡,年龄永远定格在了28岁。

他的父亲,叫李小龙。

黑夜给了人黑色的眼睛,但并不是每个人都能用它寻找到光明。1993年10月8日,居住在新西兰激流岛的诗人顾城因情生恨,打伤了自己的妻子谢烨,随后自缢于一棵树下。谢烨也于其后数小时不治身亡。

李振藩（李小龙）和儿子李国豪的墓碑

    顾城曾写过一句诗："我拿把旧钥匙，敲着厚厚的墙。"在1993年，一群拿着旧钥匙的人，却再也没机会去敲厚厚的墙了。

    1993年2月13日，晚年一直呼吁两岸统一的国民党原陆军中将宋希濂逝世；7月8日，被誉为"中国兵工之父"的国民党原陆军中将俞大维逝世；12月24日，曾担任过台湾地区领导人的严家淦逝世。

    这三个人，都是经历过沧桑时代，手里拿着旧钥匙的人——只是有的人愿意去尝试开启新大门，有的人并不愿意。

    而事实上，海峡两岸之间的那堵墙，在1993年出现了一道门。

6

1993年4月27日,一场中国人之间的会谈,在新加坡举行。

参加会谈的双方,分别是海峡两岸关系协会会长汪道涵和台湾海峡交流基金会董事长辜振甫。

这场两岸高层的第一次正式会谈,后来被称为"汪辜会谈"。而这场会谈最终能够顺利举行,说明两岸只要本着"求同存异,平等协商"的原则坐下来谈判,本着相互尊重、相互谅解、平等协商的精神处理争议,许多问题都是可能得到解决的。

"汪辜会谈"的现场。当天晚宴的第一道菜是乳猪与鳝片,取名"情同手足",最后一道菜是水果拼盘,取名"前程似锦"

在这一年，还有一场双方艰难坐到一起的谈判。

1993年1月3日，美国总统布什与俄罗斯总统叶利钦签署了《第二阶段削减战略武器条约》。这其实是苏联与美国签订的第一阶段条约的后续，只不过继承者成了俄罗斯。

在成为苏联遗产的最大继承者后，俄罗斯一直在试图向西方世界展现出一种友好的姿态。为了重振俄罗斯的经济，叶利钦不惜代价采用了美国经济学家萨克斯提倡的"休克疗法"，却最终失败，导致俄罗斯的经济陷入更大的危机，也加剧了俄罗斯政坛的分裂。

这一年的10月，叶利钦遭遇政变危机，被迫出动坦克炮轰政敌的办公大楼。但事实证明，虽然他能成功摆平国内的麻烦，却无法改变国内的经济状况，更无法改变西方世界对俄罗斯的态度。

有些事情能坐下来谈，而有些事情，别人根本连谈都不愿和你谈。

1993年7月23日，美国忽然在毫无根据的情况下宣称：一艘驶往伊朗阿巴斯港的中国"银河号"货船载有制造化学武器的原料，要求中国政府立即采取禁止措施，否则将制裁中国。

从8月1日起，滞留在公海的"银河号"就开始不断遭遇美国海军舰船、飞机的近距离跟踪和侦察。8月3日，在中方一再声明24个集装箱里主要运载的是文具、五金和机械零件后，美方依旧强行要求中方允许美方登船检查。在美国国内的一些报纸上，"银河号"上运载的货物，已经从最初的"化学物品"变成了"满载化学武器"，最后甚至有媒体称"装载核武器"……

最终，为了避免事态进一步扩大，中方同意由中国政府代表和沙特阿拉伯代表一起检查，允许美方人员作为沙特阿拉伯方面的顾问一起上船。美国技术人员在里里外外仔细检查后面面相觑："银河号"上完全没有美方指控的化学品。

中国外交部随即发表声明，公布检查结果，谴责美国行径，要求美方道歉并给予赔偿。但美方只是承认情报有误，并没有再做回应。

时任外交部国际司副司长沙祖康之后在接受央视采访回忆这段往事的时候，17次用了"窝囊"这个词：

"拒接，窝囊，我们就要背黑锅；让他们去查，某种程度上我们受到了侮辱，也窝囊……"

"银河号"货轮

就在 7 月 23 日美国指责"银河号"运载化学武器原料之后的两天，占地面积达 18.2 万平方米的抗美援朝纪念馆开馆仪式在辽宁省丹东市举行。

7 月 26 日，曾经在朝鲜战场上与中国人民志愿军作战的美国陆军上将李奇微去世，终年 98 岁。

7 月 27 日，是朝鲜战争停战 40 周年。

7

1993 年，还有一部之后将轰动全国的电视剧完成了全部拍摄和制作工作并播出了。

这部叫《北京人在纽约》的电视剧，是中国第一部全程在海外拍摄的电视剧，展现了以王起明为代表的一批中国人在美国的奋斗和情感历程。而这部个人奋斗史也折射出东西文化的碰撞。这种碰撞带来激情，带来憧憬，也带来疼痛，带来彷徨。

1993 年的中国，进一步展示了融入世界的姿态和期待，收获的有鼓励，有支持，有掌声，但也有冷漠，有嘲讽，甚至有敌意。

正如《北京人在纽约》片头曲《千万次的问》里，刘欢用他特有的鼻腔共鸣发出了近乎悲情的拷问：

千万里，我追寻着你，可是你却并不在意。

……

Time and time again I ask myself（我一次次地问自己），

问自己你到底好在哪里，好在哪里。

在1993年，没有人能给出一个明确的答案。

是迎难而上，还是知难而退？是愈挫愈勇，还是到此为止？

单单1993年，还不足以给出一个完整的答案。

把一切交给时间。

时间将证明一切。

独家记忆·我的1993

冬暖夏凉：1993年，我考上衡水中学。那时，衡水中学还是一个普通重点高中。入学军训间歇，大家唱的是《小芳》。那一年，我的人生轨迹改变了，爸爸妈妈本来是要我考中专的，我任性地参加了衡水中学的提前录取考试。感谢每一段人生经历！

任朝军：1993年，我上小学五年级，老家发生了一件大事——一位"死亡"了几十年的"烈士"从台湾回来探亲。

Jenny：1993年我大学毕业，非常迷茫，留在国企，面临转专业。当时外企已经在长三角兴盛起来，好多世界500强企业在华设厂，那时真的不知所措……现在看来，选择没有对错，难的是选择后的坚持。在哪里工作也不重要，重要的是不断努力、不断学习，与时俱进。

徐健：1993年，我初中毕业，从来没有到过县城的农村娃来到大城市上中专，开始了对这个世界的认知。文中写的这些，我印象都非常深。30年了，犹如昨日；30年了，我还是那个少年！

舵如磐石：1993年，我人生中第一次拿起麦克风，战战兢兢地唱了首《涛声依旧》。

A 金敏鑫Kimi~：1993年，我6岁，只记得那年《新白娘子传奇》里的白蛇挺漂亮，幼儿园班里的女孩儿都爱穿白色裙子。

知秋一叶：这一年，我刚满10岁。父母、姑姑为我在本地电视台点了一首歌（那时候很流行点歌）——小虎队的《爱》。这是当时我最喜欢的一首歌。

清风：1993年我考上师范类中专，县高中邀我读高中，我拒绝了，现在想想，有点后悔吧。当年家里买来了彩电、录像机、收音机、随身听，记得花了5000元吧。哈哈，时间过得真快，人到中年了。

原点：看了馒头大师的这篇文章，让我的思绪又飘回了1993年。那时我上初中，家里养了好多鸡，放学后一边听着村里的喇叭放的《花心》，一边割着草……

老道：1993年，我在上高中，从高二跨越到高三。距离人生中那场重大疾病还有一年……世事难料，活好今天。

请回答 1994

"智力就是能力,知识就是财富",这个观念在 1994 年似乎正在被全国人民慢慢接受。

无论你是不是英雄,历史的大潮总会滚滚向前。

1

1994 年 7 月 2 日,上海电视台第八频道开播了一档全新的节目,名字叫《智力大冲浪》。

这是一档包括知识竞猜、解谜问答等环节的综艺节目,一问世就深受上海市民的喜爱——在没有智能手机的时代,节目中的一个电话竞猜环节,后台能收到近 5 万个市民电话。而其中"幸运十三"环节冠军得主能免费去法国看世界杯（1998年），"7878奖平方"环节的冠军奖品是一套78平方米的上海市区商品房（1999年），这些回忆至今仍被一批老上海市民津津乐道。

这个节目涌现出了一批后来在上海家喻户晓的主持人，也留下了一句口号："星期天的晚上，看智力大冲浪！"

"智力就是能力，知识就是财富"，这个观念在1994年似乎正在被全国人民慢慢接受。1994年，上海的教育电视台正式开播，而中央电视台少儿·军事·农业·科技频道（CCTV-7）开始试播。

这似乎也很贴合这一年2月15日联合国教科文组织首次提出的一个观点：

"贫富差距，就是知识差距。"

对于这句话，可能直到现在也还会有人不服气，但必须承认的是，确实有一部分人往往会忽视一点：

所谓"知识"，其实不仅仅指书本上的那些内容，也包括智商和见识。

2

1994年，中国出现了一张价值1000万元的"秘方"。

"秘方"的拥有者，是当年风头正劲的马俊仁，他率领的"马家军"刚刚在1993年的斯图加特田径世锦赛上狂揽冠军，又在七运会上多次刷新世界纪录。

"秘方"的购买者叫何伯权，他是鼎鼎大名的"乐百氏"的创始人。何伯权从新闻报道中看到马俊仁称自己手上有一个"祖传秘方"，能增强体能，并宣称："有人出1000万元我也不一定卖！"

何伯权很快找到了马俊仁，拍出了1000万元——马俊仁立刻答应：卖！

那张"秘方"在被买下后很快被送入了位于中山市的一家银行保险库，号称只有何伯权本人、银行行长和中山市市长三人同时在场才能打开这个保险库。

直到很多年后，何伯权才透露那张"秘方"上究竟写了些什么：

"也就是一些红参、鹿茸、天麻、黄芪、枸杞这样的常见中药，并没有什么我们想象不到的东西。"

但何伯权并不怕这件事可能会成为一些人眼中的笑柄，恰恰相反，他知道更多的人会将此视为一个商业营销的传奇：

在媒体大肆报道何伯权斥资千万元收购马俊仁的"秘方"后两个月，他就推出了一款叫"生命核能"的保健品，宣称"每一个省只有一家一级代理"，结果竞拍者趋之若鹜，才卖出几个省份的"一级代理权",何伯权就已经进账1700万元。

在1994年的中国大地上,创造这类保健品"神话"的,远不止何伯权的"乐百氏"一家。

在北方,一个叫姜伟的人来到一家叫"飞龙"的公司,推出了宣称可以治疗"男女肾虚"的口服液。这家公司一不盖厂房,二不租办公室,全靠"砸"广告:1991年投入120万元广告费,取得400万元利润;1992年投入1000万元广告费,获利6000万元;到了1994年,飞龙公司投入的广告费已经超过亿元,但利润也超过了2亿元。

在南方,一家取名为"太阳神"的企业,以"太阳神生物健口服液"为拳头产品,在"当太阳升起的时候,我们的爱天长地久"的广告歌曲声中红遍大江南北,1993年的营业额就达到13亿元,利润超3亿元。

而在山东的济南,56岁的吴炳新以30万元注册了一个叫"三株"的实业有限公司,生产宣称对肠胃有好处的"三株口服液"。除了常用的广告手段,公司还派出了大批"专家"前往全国各大乡镇和农村进行"义诊",就诊的人往往会被告知肠胃有疾病,而服用"三株口服液"就是一个不错的选择——当年,"三株"的销售额就突破了1亿元,并且在第二年突破了20亿元。(三株口服液现在依旧能在各大电商平台购买。)

依托广告宣传的保健品市场爆发式增长,也带来了一个新的问题：中国的广告业还有没有人管？

财经作家吴晓波在他的著作《激荡三十年》中曾专门总结过当时乱象丛生的企业做广告方法：奖牌法、明星法、非广告法、借牌扬名法、假洋鬼子法、夸张法……光看名字，基本就能猜到这类广告的内容和手段。

诸多让人眼花缭乱的做广告方法，最终引出了一个"终极大法"：

1994年10月27日，第八届全国人民代表大会常务委员会第十次会议通过了《中华人民共和国广告法》，对各种广告乱象开始了严格治理。

有时候，一些行业和领域确实是先发展，再立法，但也有另一些行业是先有"法"，再发展。

3

1994年4月17日，可以容纳4万多人的成都市体育中心座无虚席。

比赛的结果，是四川全兴队1比1战平了辽宁远东队，但这场比赛的重要意义并不在于比分。到场的每一个四川球迷，以及在电视机前收看比赛直播的全国球迷都可能未必能认识到，他们见证了一场里程碑式的比赛——中国足球史上第一场顶级职业联赛。

一切的改变，缘于 22 个月前的那场"红山口会议"。在那场会议上，时任中央政治局委员、国务委员的李铁映亲自到会，他在会上讲话的主要精神包括：中国的足球体制改革争取一步到位，即改变各省市体委专管的体工大队模式，建立职业俱乐部体制，让球队进入市场，主要以企业赞助、广告、门票、彩票、转会费等养活自己。

那一年参加甲 A 联赛的第一批队伍有 12 支，采取主客场双循环赛制进行比赛，它们分别是：

大连万达、上海申花、广东宏远、辽宁远东、广州太阳神、山东泰山、北京国安、四川全兴、江苏迈特、吉林三星、沈阳东药、八一。

1994 年的甲 A 联赛最终由万宝路冠名，冠名费为一年 120 万美元，签约 5 年，之后每年递增 20%

这12支球队就像当年中国股市的"老八股"一样，成了一代球迷对中国职业足球联赛的最初记忆。他们将参与时代，见证时代。

1994年，国际足联也迎来了一个全新的尝试：

第15届男足世界杯于6月17日至7月17日在美国境内9座城市的9个球场内举行。

这是国际足联第一次成功将足球的触角伸到了全世界最大的体育市场——同时也是"足球荒漠"的国家——美国。在美国，"football"确实是深受全国人民喜爱的"第一运动"，但那是指"橄榄球"。

从技战术角度而言，这一届的世界杯绝对难称精彩，连决赛也历史上首次需要罚点球决胜，但还是给全世界球迷留下了不少难忘的回忆：

34岁的马拉多纳在轰进一记世界波之后被查出服用违禁药物而退赛，一代球王就此潦草谢幕；27岁的巴乔罚丢点球之后站在球门前一脸落寞，"忧郁王子"给世人留下一个背影；而同样27岁的哥伦比亚球员埃斯科巴，不慎踢进一个乌龙球，回国后被人直接用枪打死……

在这届世界杯上，中国球迷照例没有看到自己国家球队的身影——虽然他们中的很多人坚信只要职业联赛进入正轨，这一天很快会到来。倒是尚未实现职业化联赛的中国男篮，给球

巴乔那个著名的背影

迷带来了一份惊喜：

在这一年的第 12 届男篮世锦赛上，中国男篮被分到了"死亡之组"，同组的对手是：地表最强的东道主美国队，欧洲老牌冠军西班牙队，南美洲冠军巴西队。

但在主教练蒋兴权的带领下，中国男篮一路敢打敢杀，最终以两胜一负的成绩昂首跻身八强——那是中国男篮迄今为止唯一一次打进世锦赛八强，即便后来中国男篮拥有了姚明、易建联这样的 NBA 明星球员，也没能再现这样的奇迹。

尤其是小组赛最后一场，中国男篮在落后 17 分的情况下上演惊天逆转，以 2 分优势拿下西班牙队，那种荡气回肠的感

觉一直留在老一代的中国篮球迷心目中。而那批男篮队员的名字，在现在的篮球迷看来已经如同"上古神兽"一般：阿的江、巩

1994年男篮世锦赛的中国男篮队员合影

晓彬、胡卫东、纪敏尚、刘大庆、刘玉栋、单涛……

1994年，让中国体育迷扬眉吐气的还有广岛亚运会。

在这届亚运会上，中国代表团以125枚金牌的绝对优势雄踞榜首，领先第二名东道主日本代表团足足61枚金牌，再一次证明了自己是亚洲当之无愧的体育霸主。

但是，这届亚运会上也发生了足以让中国体坛羞愧和反思的事件：11名中国运动员被查出服用兴奋剂，被剥夺了12枚金牌。在这11名运动员中，中国游泳队占到了7名，其中包括独得4金2银、当时堪称中国少女偶像的男子游泳运动员熊国鸣。

这次事件后，中国游泳队主教练陈运鹏引咎辞职，而中国游泳由此陷入被全世界戴"有色眼镜"观察的低谷，直到多年后才凭借自身实力慢慢重新振作。

1994年的世界体坛，还有一条让人震惊乃至悲伤的新闻。

1994年广岛亚运会的女乒单打决赛,邓亚萍负于小山智丽,这也是让诸多国人难忘的一场比赛

在圣马力诺F1大奖赛上,巴西的天才赛车手埃尔顿·塞纳驾驶的赛车高速飞出了赛道,这位年仅34岁的"车神"重伤后抢救无效身亡。

事后经调查,塞纳的赛车转向柱断裂是造成这起悲剧的主要原因之一。

坚固的转向柱为何会断裂?关于这起事故

塞纳赛车的事故现场

的原因，至今没有一个完整明确的答案。但著名的"海恩法则"或许已经给出了定论：

"任何不安全事故，都是可以预防的。"

4

1994年3月22日，俄罗斯航空莫名其妙掉下了一架飞机。

这架编号为593航班的空客310客机在西伯利亚州上空呈螺旋式骤降，后与山坡发生撞击后爆炸解体。机上63名乘客和12名机组人员无一生还。

通过"黑匣子"的录音和全方位调查，事故的原因最终找到：

第一副机长在飞行过程中，居然把自己的儿子和女儿带进了驾驶舱并且让孩子操纵飞机，最终儿子埃德加强推操纵杆导致飞机失衡，酿成大祸。

一个月后的4月26日，中国台湾的中华航空也掉下了一架飞机——A300空中客车。

俄航593航班空难现场

这架编号为 CI140 的航班由台北中正国际机场（今桃园国际机场）起飞，在即将降落日本名古屋机场的时候，忽然拉起机头重新笔直上升，最终达到升限后坠毁，全机 271 人中只有 7 人生还，264 人遇难。

事故原因调查结果显示：当时副驾驶在操纵飞机降落时，误将飞机设定为"复飞"状态（中止降落重新爬升），且并未向机长报告，在发现问题后又没有关闭"复飞"状态，试图手动操作纠正，故出现人机对抗，飞机笔直上冲，最终因攻角过大失去升力而坠毁。

又过了一个多月，中国西北航空公司也遭遇了一场惨痛事故。

该公司一架航班号为 WH2303 的图-154M 型飞机在执飞西安至广州的航线时，刚起飞不久就遭遇空中解体，坠毁在距离咸阳机场 49 千米处，机上 160 人全部遇难。

西安空难中解体的客机

事故原因调查结果显示：地勤维保人员在检查该架飞机时，将自动驾驶仪安装座上的两个插头和插座（有明显的黄色和绿色区分）插反了，而西北航空公司一系列混乱和粗糙的管理流程并没有发现这个问题，飞机带着插反的插头和插座升空，最终酿成惨祸。

灾难不仅发生在空中，还发生在水里。

1994年9月28日0点30分，一艘载有989名乘客和船员的"爱沙尼亚号"客轮在芬兰西南部的波罗的海海域沉没，全船最终只有137人生还。

这是欧洲自第二次世界大战以来最严重的一次海难事故，也不得不让人想起"泰坦尼克号"的悲剧，但那次海难是发生在1912年。很难想象，在通信和救援手段已经非常发达的20世纪90年代，居然还会有800多名乘客遇难。

事故调查长达三年，结果显示，沉船的原因涉及船体设

"爱沙尼亚号"

计、管理疏漏等多个方面，但始终难以拿出一个令人信服的解释——2020年，事故调查委员会宣布有理由重启调查。

5

1994年3月10日于台湾首播的《倚天屠龙记》，在让人记住了咆哮的马景涛、冷艳的周海媚和潇洒的叶童之外，还颇留下了一些经典的歌曲。

在"流着相同的血"的那首《爱江山更爱美人》之外，周华健的《刀剑如梦》也伴随着这部剧一战封神，至今仍是卡拉OK厅包间里很多中年男性微醺时必点的一首歌。而《你给我一片天》和《两两相忘》也被很多人喜爱，尤其是后者，在辛晓琪的委婉演绎下，这首曲调别致、歌词典雅的歌曲被视为武侠歌曲的经典之作。

但1994年的华语乐坛，远不止这几首"神曲"，现在回过头看，说那一年是华语歌曲"神仙打架"的一年，也并不为过。

在台湾乐坛，一个叫孟庭苇的女歌手凭借一首《野百合也有春天》，连同她前两年发行的《风中有朵雨做的云》《冬季到台北来看雨》等歌曲，正式成为无数男性的"梦中女神"。而马来西亚籍的歌手巫启贤也在台湾闯出了名堂，凭一首《太傻》红遍海峡两岸。

在香港乐坛，周华健发行的《风雨无阻》专辑留下了一批脍炙人口的歌曲，除了《风雨无阻》和《刀剑如梦》，《其实不想走》成了之后很多人在毕业、离职、分手等各种场合都会点的一首歌曲。

情歌永远是流行歌曲中的主流。

在1994年，张信哲和刘嘉玲为无数情窦初开的少男少女和欲言又止的暧昧男女送上了一首足以传情的《有一点动心》；王菲的那首《我愿意》在柔肠百转的曲调之外，也满足了部分男性的幻想——女性对自己依依不舍。

邰正宵于前一年发行的《九百九十九朵玫瑰》在那时还没有多少人知道其实是用其他歌曲的旋律拼接而成的，而他在这一年发行的《千纸鹤》更是让无数失恋男女伤心流泪，以至于需要多听几遍赵咏华的《最浪漫的事》，用"和你一起慢慢变老"来开始一段新的憧憬，或者，就像刘德华在这一年唱的《忘情水》那样，"啊……给我一杯忘情水，换我一夜不流泪"。

1994年也是内地乐坛爆发的一年，而且除了传统的情歌，内地乐坛在歌曲的主题和品类方面还要更丰富一些。

那一年，一个叫"老狼"的歌手用一首《同桌的你》和一首《睡在我上铺的兄弟》，一下子就在全国上下带起了一股校园民谣风潮。而孙悦的那首《祝你平安》更是跳出了传统的恩爱怨伤范畴，让各种希望感恩和祝福的人找到了一首适合表达感情的歌曲。

1994年的乐坛，让很多人津津乐道的，还是摇滚。

1994年12月17日晚上8点，在香港的红磡体育馆，一场名为"摇滚中国乐势力"的演唱会拉开帷幕。在三个半小时的演唱中，"魔岩三杰"窦唯、张楚和何勇以及作为嘉宾出场的唐朝乐队，演唱了诸多现在听起来熟悉又遥远的歌曲：《高级动物》《孤独的人是可耻的》《钟鼓楼》《飞翔鸟》……在一首首或嘶吼或吟唱的乐曲中，几万名香港观众如痴如醉，如癫如狂。

那一年，一个叫许巍的小伙子带着自己的两首新作品坐火车来到了北京，他的目标是成为像崔健一样的人。另一个叫郑钧的小伙子推出了自己的得意作品《赤裸裸》，这首歌尽管在多年后陷入"抄袭"疑云，但当时还是震撼了无数人。

很多人都觉得那一年是中国摇滚乐崛起的开始，但很少有人会预料到，中国的摇滚乐刚到"青春期"，就会很快停止发育。

事实上，抛开其他因素不说，音乐确实只是大众娱乐生活的一部分而已。

在1994年，台湾媒体联合评选了文娱界的"四大天王"，在男星榜单中，第一名是李连杰，第二名是成龙，和大家想象中的"四大天王"并无关联。

事实上，李连杰在这一年的两部作品《中南海保镖》和《精武英雄》，都只拿到1000多万港元的票房，《新少林五祖》也不尽如人意。虽然成龙的《醉拳Ⅱ》以4097万港元的票房夺得当年香港电影票房亚军，但他也只有这一部电影拿得出手。

后人记忆中那一年的香港电影，是《东邪西毒》，是《重庆森林》，而无厘头爱好者们记住的是周星驰的《九品芝麻官》和《破坏之王》。

在内地市场，姜文作为导演完成了他的成名作《阳光灿烂的日子》，但要等到1995年才会上映。张艺谋改编自余华同名小说的《活着》则在这一年正式上映，截至2024年10月，这部电影在豆瓣上的评分为9.3，是张艺谋的导演生涯中，目前在豆瓣上唯一一部评分超过9分的电影。

放眼世界影坛，1994年堪称"神作"爆发的寒武纪。

那一年，奥斯卡金像奖最佳影片奖被《阿甘正传》摘得——这个结果让绝大多数人心服口服。

但我们如果看一看这一年的其他电影，就会不由得为《阿甘正传》捏把汗：《肖申克的救赎》《低俗小说》《机智问答》《四个婚礼和一个葬礼》……而即便是走市场的爆米花电影，也涌现出了《生死时速》和《真实的谎言》这样的佳作，还有一部至今让人上头的法国电影《这个杀手不太冷》。

在电视剧方面，1994 年 10 月 23 日，一部无数小说迷日思夜盼的鸿篇巨制播出了：长达 84 集的古装电视连续剧《三国演义》。

尽管对这本小说早已滚瓜烂熟，但看到原先自己多少次脑补的人物形象一个个生动地出现在屏幕上，三国迷们还是激动万分，以至于之后那么多年即使出现了那么多三国题材的电影和电视剧，这部作品在一代人心目中的地位还是屹立不倒。

那一年，多少人在洗澡的时候会刻意压低嗓子，模仿杨洪基老师唱上一句：

"滚滚长江东逝水，浪花淘尽英雄……"

6

无论你是不是英雄，历史的大潮总会滚滚向前。

1994 年 4 月 22 日，美国的一位前总统去世了，他的名字叫理查德·米尔豪斯·尼克松。

这位享年 81 岁的美国前总统在中美关系上开启了一道全新的大门，从某种意义上改变了世界的格局和进程，但他离"伟大的政治家"还是差了一步，因为他最终倒在了另一道"门"上——水门事件。

这一年，另一位同样经历过世界格局沧海桑田变化的领导人也离开了人世——1994年7月8日，朝鲜最高领导人金日成逝世，享年82岁。

有时候，未必是国家领导人的逝世才会让人感叹"一个时代过去了"。1994年5月19日，杰奎琳·肯尼迪·奥纳西斯逝世，享年64岁。

尽管她的名字里有两任丈夫的姓氏，但历史记住的她永远是美国曾经的"第一夫人"，而不是希腊船王奥纳西斯的妻子。

时任美国总统克林顿出席了杰奎琳的葬礼并发表了书面演讲，她的两个孩子献上了鲜花，而美国媒体的评价则是"美国的一个时代结束了"——大家都明白，指的是肯尼迪家族的时代。

时代总会过去，时代总要发展。1994年5月6日，一条横跨英吉利海峡的海底隧道正式开通——一头位于英国的多佛港，另一头位于法国的加来港。这条全世界海底段最长的铁路隧道的开通，标志着英国与欧洲大陆之间的往返时间大大缩短。

然而，在这个星球上，人类的科技和文明却并不是平衡发展的。

1994年4月6日，在卢旺达首都基加利附近，一架飞机被火箭炮击落——飞机里坐着的是卢旺达总统朱韦纳尔和布隆迪总统西普里安。

第二天，卢旺达的胡图族指责是他们仇视的图西族策划了这起阴谋，胡图族士兵立刻冲进了总理府，枪杀了卢旺达的图西族女总理和三名部长。随后，在媒体的煽动下，胡图族的士兵、民兵乃至平民拿起了枪、砍刀甚至削尖的木棒，开始有组织地屠杀图西族人。

在之后的短短三个月时间里，卢旺达有超过100万人被杀害，其中90%是图西族人，有超过25万卢旺达妇女和女孩被强奸。卢旺达的人口在这场屠杀后发生了结构性改变——全国40%的人口居然是儿童。

2004年，在"卢旺达大屠杀"十周年之际，时任联合国秘书长安南说了一句话：

"这场屠杀，是全人类的耻辱！"

1994年6月14日，卢旺达士兵走过一具妇女的尸体

纵观地球史，在这个星球上，会有组织大规模残杀自己同类的生物，恐怕只有人类——最主要的手段自然是战争。

1994年的世界总体没有发生大的战争，但在这一年的12月11日，一场被称为"内卫作战"的战争爆发：俄罗斯总统叶利钦下令正式出兵，进攻自称"伊奇克里亚车臣共和国"的车臣武装独立分子，第一次车臣战争正式爆发。

当年横扫欧亚大陆的"钢铁雄狮"，在这场局部战争中第一次暴露出了苏联解体后的孱弱与困窘。在经历了一年多的苦战之后，俄罗斯最终不得不与车臣武装签订停火协议并将部队撤出车臣。虽然车臣名义上仍承认是俄罗斯联邦的一员，但实际上依旧保持独立地位。

第一次车臣战争中的情形

而就在这一年的9月初，中国国家主席江泽民刚刚访问了俄罗斯，两国签署了指导两国关系全面发展的联合声明。之后江泽民访问了乌克兰，与乌克兰领导人共同宣布两国为友好国家。

无论世界局势未来如何，和平与发展，一直是中国最重视的。

香港回归倒计时牌

同样是在这一年的12月，有两件大事登上了全中国报纸的醒目位置：

12月14日，经过40年验证的长江三峡大坝工程正式开建。

12月19日，一块倒计时牌出现在了天安门广场上，开始倒数记录香港回归祖国的时间。

7

1994年9月25日，中共十四届四中全会在北京召开。

全会增选黄菊为中央政治局委员，决定增补吴邦国、姜春云为中央书记处书记。

至此,党的第二代中央领导集体向第三代中央领导集体的过渡彻底顺利完成。

这一年的10月1日国庆节,在北京的钓鱼台国宾馆,90岁的邓小平在众人的搀扶下坐到了一张椅子上,静静地观看国庆焰火表演,留下了他生前公开发表的最后一张照片。[①]

此后,这位改革开放的总设计师就消失在了公众的视线里。

他应该可以好好休息一下了。

[①] 李海鹏,《激情与宁静:邓小平的最后五年》,《南方周末》,2007年2月8日A01版。——编者注

独家记忆·我的1994

襄水之阳：1994年，我上初三，开始喜欢她，现在2023年，还是喜欢她。

明日："我不知道你是谁。Who are you？ Who are you？何必在乎我是谁……"《智力大冲浪》是很多江浙沪小伙伴的童年记忆啊，片头曲我至今记得很清楚，里面还有"拷贝不走样"子环节，当年也风靡一时。

快活林：1994年，我只记得AC米兰在欧冠决赛上4比0击败巴塞罗那。

韦芳菲：1994年，我爸妈开始创业。那时候，我3岁，姐姐5岁，弟弟1岁。那时候只知道，爸爸妈妈每天都很忙，没空陪伴我们了。

流动的风：1994年，我25岁，结婚1年，儿子1岁，成为下岗职工，花400元买了脚蹬三轮车开始挣钱。过去快30年了，孙子5岁，我还有几年退休，撸起袖子加油干，挣点养老钱吧……

Zhijie：1994年，我在上海读大学，每个月固定从并不多的生活费里拿出20元钱买磁带——那个时候的音乐作品真的都是精品，大师文中提到的每一首歌我现在都能清晰地记得歌词！

平阳：1994年，我16岁，刚上高中。男篮世锦赛中国对西班牙那场真是太令人难忘了，半夜里我是被我爹激动的叫声给吵醒的，就记得他拼命拍着巴掌高兴得只会说："太不容易了！太不容易了！"

宋元淼：1994年，我上高中。当年想知道一首好听的歌叫什么名字，可没有现在这么容易。记得张信哲的《别怕我伤心》，我偶然在街上听了片段，觉得很好听，然后就想各种办法去找歌名和歌者，费了不少力气啊。

Joy^_^： 我妈给了我一本小时候的日记本，第一页写着"31 May（5月31日），1994年，星期一，晴"。之前一页有各种可爱印章，让人想起《重启人生》里的交换贴纸。

晚来天欲雪： 那年8岁。我印象深刻的一首歌："找呀找呀找朋友，找到一个好朋友，敬个礼呀握握手，你是我的好朋友……"现在和人打招呼，有时还喜欢喊"同志"。

成钢： 1994年，我13岁，读初一。由于在农村，文章里面讲的这么多故事我居然不知道，只记得三株口服液，可能也是因为在这之后看过广告。小时候最记得看黑白电视，每晚去邻居家追剧，买冰棍吃。

ymc： 1994年世界杯，那时候是高中暑假，在乡下，看黑白电视，太有年代感了。

请回答 1995

1995年5月1日起实行"双休"。每周多了一天休息时间，更多的老百姓开始在周末走上街头，去商场，去公园，去逛街，甚至去短途旅游。

"落在过去，飘向未来，掉进眼里就流出泪来。"

1

1995年1月30日播出的那台春节联欢晚会，可能是有史以来贡献金曲最多的一台春晚。

直到现在，很多70后和80后对那些歌曲依旧能够如数家珍：

林依轮的《火火的歌谣》，杨钰莹的《轻轻地告诉你》，那英的《雾里看花》，老狼的《同桌的你》，高林生的《牵挂你的人是我》，谢东的《笑脸》，孙浩、陈红的《中华民谣》，尹相杰和于文华的《天不下雨天不刮风天上有太阳》，孟庭苇的《风中有朵雨做的云》，宋祖英的《辣妹子》……

这些原本就已经崭露头角的流行歌曲经过春晚这个"超级放大镜"的"开光"，一夜之间家喻户晓，乃至火遍大江南北。

当然，给人留下深刻印象的，还有一首在那年春晚上首唱的歌曲。在热闹喜庆的伴舞中，27岁的解晓东精神抖擞地跑了出来，又蹦又跳地唱起那首《今儿个真高兴》，以至于之后相当长一段时间，在全国各地的街头巷尾，你都能看到一群孩子在那儿边蹦跶边哼哼：

哟么哟么哟呵哟，

哟么哟么哟呵哟，

高兴，高兴，

今儿晚上真呀真高兴！

2

1995年，中国人确实挺高兴，因为每周可以多休息一天了。

在此之前，中国老百姓已经习惯了每周只休一天，以至于在 1994 年 3 月 1 日宣布施行"大小礼拜"（一周休息两天，一周休息一天）的制度后，无数人在第一个休息的周六依旧急匆匆地赶到单位上班。

但到了 1995 年 5 月 1 日，需要掰指头算"这周末休息一天还是两天"的日子终于画上了句号——两天两天，一律两天！

1995 年 3 月 25 日，时任国务院总理李鹏签署了国务院第 174 号令，发布《国务院关于修改〈国务院关于职工工作时间的规定〉的决定》，决定自 1995 年 5 月 1 日起实行"双休"。

《人民日报》对实行双休的报道

每周多了一天休息日，电视台也立刻调整节目组合，在周六排进了大量的综艺娱乐节目和文艺晚会，收视率大增的同时也带动了商家投放广告的热情。而更多的老百姓开始在周末走上街头，去商场，去公园，去逛街，甚至去短途旅游。

不过说到逛商场，即便是到了1995年，很多中国老百姓还是有些提心吊胆——哪怕是在正规商场里，假冒伪劣商品还是随处可见。

1995年3月，一个叫王海的年轻人在北京隆福大厦看到那里卖的索尼耳机有瑕疵，感觉是假货，犹豫之后，他花170元买了2副。

王海当时想找消费者协会，但没找到，随即跑去了东城区工商局，工商局让他去技术监督局，技术监督局说需要将耳机送去索尼公司鉴定，一般要3个月，于是他自己去了索尼公司——前后一共花费超过200元，即便得到双倍赔偿，他也还要倒贴几十元。

为了补偿成本，王海一怒之下又去隆福大厦买了10副索尼耳机，一起索赔。在东城区工商局的协调下，隆福大厦最终只肯对2副耳机进行赔偿，另10副不肯赔，理由是：

他已经知道那是假货，属于知假买假。

1995年8月4日，《中国消费者报》刊登了对王海的专题报道：《刁民？聪明的消费者？》

22岁的王海成了街头巷尾众人议论的话题人物。而民法专家何山在报纸上发表了自己的观点：

"无论消费者出于什么目的购买，只要经营者存在欺诈行为，就应该为假货退赔。"

1995年12月5日，在维权8个月后，王海拿到了隆福大厦的12副耳机赔偿款1020元——当年北京的月平均工资是679元。

王海后来被请上了《实话实说》开播的第一期节目，当时，一位消费者协会投诉监督部的工作人员作为现场观众起立发表观点：

"我认为应该提出一个口号，这就是希望千百个王海站起来，对市场经济进行监督，促进我们的社会主义商品经济健康发展。"

而北大经济学教授萧灼基随后意味深长地说了这样一段话：

"要王海他们这样的人来保护消费者权益，那你们的责任在哪里呢？出现王海这种现象，从某种意义上来说，也说明你们的工作做得不够。"

王海后来成了职业打假人，还出了一本书，书名就是《王海自述：我是刁民》。

在1995年，至少在科技产品方面，正宗的外国进口货还是在中国市场有良好口碑和信用的。这一点在电脑软件上体现得可能更为明显一些。这一年的8月24日，微软公司正式推出了他们的颠覆级核心产品：Windows 95。

较早接触到电脑的那批中国人，到现在可能都清晰记得那个经典操作系统的开机画面、声音、桌面默认背景和屏保画面，以及当时抛开 DOS 系统的一系列开天辟地的操作创新模式。

有意思的是，也正是在这一年的早几个月，美国的太阳微系统公司宣布推出一种全新的计算机语言 Java。这个语言的创造者是后来被中国程序员尊称为"高司令"的加拿大程序大神詹姆斯·高斯林。由于具有超强适应性的 Java 语言能够绕过当时微软的 Windows 操作系统，微软与太阳微系统公司之间开始了旷日持久的官司战。

Windows 95 开机画面

1995 年，中国的电脑软件和相关行业只能说是刚刚起步，但谁都知道，这个行业的重要性可以上升到国家战略层面。

这一年的 5 月 6 日，《中共中央、国务院关于加速科学技术进步的决定》发布，我国正式提出实施"科教兴国"战略。

起步晚，但要迎头追。

3

让中国老百姓感叹发达国家科技实力的，还有 1995 年中国引进的一部好莱坞电影。

在这部叫《真实的谎言》的电影里，肌肉硬汉阿诺德·施瓦辛格驾驶一架可以垂直起降的鹞式战斗机，让不少人叹为观止，让人同样印象深刻的还有那句台词："从我的薪水里扣。"

《真实的谎言》是一部堪称里程碑式的电影，不仅仅是因为电影本身充满戏剧性的剧情和让人眼花缭乱的特技效果，而是它标志着中国电影市场引进好莱坞大片的模式获得了巨大成功（第一部引进的是1994年的《亡命天涯》）。

在这一年，另一部开创纪录的电影叫《红番区》。这部由成龙主演的香港动作片在1月29日大年初一于内地公映。原以为过年期间不会有什么观众入场的各地电影院工作人员大吃一惊：几乎场场爆棚！

这不仅仅是因为成龙动作片本身就是一块"金字招牌"，更是因为，在过年放假期间去看一场电影，其实本来就是中国老百姓的一个潜在需求，只是之前一直没有被发掘出来。

《红番区》当年在香港的票房为5691万港元，排名第一（第二名是成龙的《霹雳火》），内地票房大约为9500万元人民币——考虑到当时内地电影票价普遍在5~10元，这个成绩已相当惊人。

而更关键的是，自《红番区》开始，中国电影市场有了两个新的名词："贺岁片"和"贺岁档"。

1995年，两部同样在春节前后上映的香港电影却遭遇了滑铁卢，那就是由刘镇伟导演，周星驰几乎搏上全部身家拍摄的神话爱情系列电影《大话西游》。这两部在内地取景、被周星驰寄予厚望的电影在上映后遭遇票房惨败，且各方对周星驰"糟蹋西游品牌""将孙悟空流氓化"的批评络绎不绝。

这两部电影的失败直接导致周星驰自己的彩星公司宣布破产，备受打击的他只能感叹"曾经有一个机会放在我的面前，但我没有珍惜"。

但谁也没想到，仅仅在一年多后，这两部电影却在内地大学生群体里忽然翻红，口碑直线上升，以至于最后被70末80初的一代中国年轻人奉为绝世经典，甚至到了片中经典台词几乎人人会背的地步。

有人敢于为事业赌上一切，而有人则是为感情。

"想要问问你敢不敢，像你说过那样的爱我……"1995年，26岁的刘若英刚刚出道，凭借一首《为爱痴狂》技惊四座。已经崭露头角的邰正宵一边在《心要让你听见》这首歌里为诸多青春懵懂的少男少女打气，告诉他们要"不怕承认对你有多眷恋"，另一边又在《一千零一夜》中哀怨"每一份想念，化作不成双的蝶"。

倒是林忆莲在她的《伤痕》里提醒大家："爱有多销魂，就有多伤人。"而张信哲在《过火》中把爱情的失败总结为一方的宽容和放纵："怎么忍心怪你犯了错,是我给你自由过了火。"

周华健和齐豫在《神话情话》中唱道:"爱是愉快是难过是陶醉是情绪,或在日后视作传奇。"他们合唱的这首歌伴随着1995年开播的香港武侠电视连续剧《神雕侠侣》走红,而这部剧也确实如歌词所唱,成了一部"传奇"——古天乐饰演的杨过和李若彤饰演的小龙女,被很多人视为迄今所有"神雕侠侣"版本中的最佳组合。

流行歌曲的主题当然不是只有爱情。1995年发行的两首歌曲之后红遍大江南北:高枫的《大中国》和孙楠的《红旗飘飘》。

这两首歌曲以朗朗上口的流行歌曲方式,彻底激发了中国老百姓发自内心的爱国情感和民族认同感,大家都自豪"我们都有一个家,名字叫中国",也深深认同"五星红旗,我为你骄傲"。

花谢花开,潮起潮落,歌曲还能表达人们对时间的感触,正如齐秦在这年的《往事随风》中所唱的那样:

"落在过去,飘向未来,掉进眼里就流出泪来。"

4

1995年5月8日下午,泰国清迈的兰姆医院忽然被送进了一位情况危急的女士。

这位大概40岁出头的女士在送来时已经陷入了昏迷，护送人员说来时路上交通堵塞，大大耽误了送医时间。事实证明，延误是致命的，这位女士此时已经脸色发青，心跳和脉搏都已停止。

根据护送的人员回忆，这位女士在救护车上已经陷入半昏迷状态，只是一直在轻声呼唤："妈妈。"

医生在进行了45分钟左右的尽力抢救之后，宣布这位女士因脑部重度缺氧和心脏停搏而死亡。后来经过调查，死因是使用支气管扩张喷剂过量引发支气管哮喘，而交通堵塞又耽误了最佳救治时间。

在医院开具的死亡证明上，这位女士的名字叫作"Teresa Teng"，但她有个在东亚、东南亚都家喻户晓的中文名字：邓丽君。

就在邓丽君去世后的四个月，另一位中国传奇女性也走到了自己人生的尽头。

9月8日中午12点半，居住在美国洛杉矶的林式同接到了一个电话，是他的一位女性好友的房东的女儿打来的。在电话里，房东的女儿告诉林式同：

"你是我知道的唯一认识张爱玲的人，所以我打电话给你，我想张爱玲已经去世了。"

在赶到张爱玲居住的寓所之后，林式同被警察允许进入张爱玲的房间辨认遗体：她躺在房间里唯一一张靠墙的行军床上，身下垫着一床蓝色的毯子，没有盖任何东西，头朝着房门，脸向外，身材出奇地瘦，头发理得特别短——因为经济拮据，张爱玲几次搬家的廉价寓所里都闹虱子，为此她不得不把头发理得非常短。

张爱玲生前最后一张公开照片，摄于1994年

"生命是一袭华美的袍，爬满了虱子。"

张爱玲在17岁时写下的这句话，似乎为她的人生归宿做出了某种预言。

根据检测，张爱玲死于心脑血管疾病。她孤身一人躺在床上，默默离开，几天后才被房东发现。

有人似乎能预感到自己的死亡，而有些人则不能。

1995年，两个才华横溢的人离开了人世，死因都是车祸。

5月11日，唐朝乐队的贝斯手张炬在晚上排练完后骑摩托车回家，途中被一辆大卡车剐蹭发生翻车。张炬受伤严重，血流不止，最终因失血过多不治身亡，去世时只有25岁。

10月2日，在央视《曲苑杂谈》栏目中凭借《洛桑学艺》

系列相声红遍中国的藏族小伙洛桑，在和师傅博林吃饭时喝了不少酒，酒后驾车，一头撞上停在路边的一辆大卡车尾部，不幸身亡，去世时只有27岁。

洛桑爱喝酒，郭德纲曾形容他光就着面条也能喝酒，还为了买酒，给郭德纲打过一张8元钱的欠条。"这张欠条我一直留着。"郭德纲说。

洛桑因为自己的错误付出了生命的代价，而对于刚刚因为儿子有出息而过上好日子的他父母而言，这无疑是一场灾难。

灾难，很多时候都是毫无征兆地悄然而至的。

5

阪神大地震的惨烈现场

1995年1月17日凌晨5时46分52秒，日本大阪至神户一带的居民切身体会到了什么叫"天崩地裂"。

这场后来被称为"阪神大地震"的灾难，被测出的地震规模为里氏7.3级。由于地震发生在清晨，又在日本的人口稠密地区，所以造成了重大伤亡：6434人死亡，43 792人受伤，32万人被迫住到临时房屋。地震受灾范围内有19万幢建筑倒塌，直接和间接经济损失超过3000亿美元，2%的日本GDP瞬间蒸发。

日本关西的民众尚未从灾害创伤中恢复过来，关东的东京又发生了一场震惊世界的人为投毒事件。

3月20日，日本"奥姆真理教"的教众在五列东京地铁车厢内投放有剧毒的沙林毒气，造成13人死亡，约5500人中毒，1036人住院治疗。当天日本政府所在地及国会周围的几条地铁主干线被迫关闭，26个地铁站受影响，整个东京的交通陷入一片混乱。

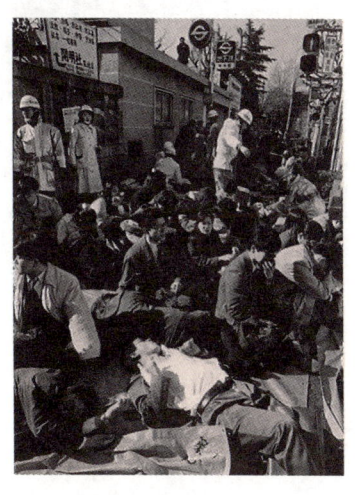

"奥姆真理教"投毒案现场

东京警方全员出动，在第一时间突袭"奥姆真理教"总部，发现"奥姆真理教"拥有一架苏制米–17军用运输直升机，300多把仿制的AK–47自动步枪和大量子弹，各种化学药品和仪器，包括氟化氢水溶液、乙酸酐、硫酸这三种制造沙林的原料。

他们还搜到了"奥姆真理教"的下一步计划，那是一份日本漫画也不敢这么开脑洞的计划：

用军用直升机在东京上空洒下70吨毒气"净化"东京。随后"奥姆真理教"教徒接管日本政权，并且同时对中国、俄罗斯、美国、朝鲜宣战，让各国争夺日本，引发全世界核战争。核战争之后，"奥姆真理教"教众从事先藏身的防空洞中出来，在全世界的核废土上建立一个永恒的"奥姆之国"。

"奥姆真理教"教主麻原彰晃不久后被捕，但直到2018年才被执行死刑

东京地铁遭遇的是人为投毒，而巴黎地铁遭遇的是人为爆炸。1995年7月25日下午5点30分左右，一列满载旅客的地铁驶入位于巴黎市中心巴黎圣母院附近的圣米歇尔地铁站。此时，第六节车厢忽然发生剧烈爆炸，当场造成4人死亡，62人受伤，其中14人重伤。

制造这起爆炸案的两名凶手受欧洲一个恐怖组织的资助，后来被判处无期徒刑。

同样是恐怖爆炸，1995年的俄克拉何马城大爆炸案更震惊世界。

1995年4月19日上午9时4分，美国俄克拉何马城市中心的一幢9层高的大楼发出一声惊天巨响，整幢大楼瞬间被炸毁了三分之一，最终确认168人死亡，1人失踪——估计已被炸得粉身碎骨。

根据测算，恐怖分子当时将一辆装有约500千克炸药的汽车停在大楼北面的楼下，然后进行引爆。

但恐怖分子却并非事先很多人猜想的来自中东，而是纯粹的美国人——主犯麦克维是一名反政府分子，他认为美国联邦政府在之前好几起事件中处理失当，尤其是在突袭大卫邪教总部的事情上造成多人伤亡，所以要进行报复。

俄克拉何马城爆炸案当时被美国当局认为是自纽约拉瓜迪亚机场爆炸案之后最严重的一起爆炸案，这个纪录直到6年后的9月11日才被打破。

俄克拉何马城爆炸案现场

而打破这个纪录的人，于 1995 年的 11 月 13 日在沙特阿拉伯首都利雅得的美军军事训练中心制造了一起爆炸案，造成 5 人死亡。

这个沉迷于用爆炸手段的恐怖分子头目，名字叫本·拉登。

6

恐怖袭击能震惊世界，但永远无法改变世界。

1995 年 11 月 4 日，以色列总理伊扎克·拉宾被一名以色列极右翼分子用手枪射杀，这位两度出任以色列总理的政治家在两年前签署了《奥斯陆协议》，推动巴以双方往和平方向迈出了一大步。

1995 年是世界反法西斯战争胜利 50 周年，全世界各个国家都在强调"和平"的珍贵。这一年，也是中国抗日战争胜利 50 周年，同时也是日本无条件投降 50 周年。

在 1995 年 8 月 15 日，时任日本首相村山富市发表了著名的"村山谈话"：

"在过去不太遥远的一个时期内，错误的国策使日本走上了战争道路，日本国民陷入了存亡的危机。由于进行殖民统治和侵略，给许多国家特别是东亚各国人民造成了极大的损害和痛苦。为避免将来重犯这样的错误，我毫不怀疑地面对这一历史事实,并再次表示深刻反省和由衷的歉意。"[1]

这是继1993年日本第79任首相细川护熙的表态之后,日本首相第二次在讲话中提到"殖民统治"和"侵略"的字眼,并表达"反省"和"歉意"。

虽然这两位首相都并非自民党的首相,但之后多任日本首相都表示会继承"村山谈话",包括后来上台的安倍晋三——但在2015年的日本无条件投降70周年讲话中,他的很多话语显得闪烁其词。

只有承认历史,才能面向未来。有些国家始终不明白,而有些国家想得很明白。

1995年1月1日,奥地利、芬兰和瑞典三个国家正式宣布加入欧盟,欧盟的成员国扩大到了15个。这个由德国和法国等6国牵头建立的政治共同体,以贝多芬的《欢乐颂》主旋律为盟歌,以"多元一体"为格言,摒弃前嫌,拉手抱团,成了绝不可忽视的一个强大政治经济体。

也正是在1995年的1月1日,一个独立于联合国的永久性国际组织宣告成立。这个组织的成员之间的贸易额占到了世界的绝大多数,它的正式名称是"世界贸易组织"(World Trade Organization),简称WTO。

---

[1] 《正义之声:为历史证言的日本人》,人民网,http://japan.people.com.cn/GB/35462/392640/398669/index.html。——编者注

这一年，一支由中国和日本联合组成的学术考察队，在新疆和田地区民丰县尼雅遗址开掘出了一个双人合葬墓，其中一具尸体的右臂上绑着一个色彩鲜艳的织锦，织锦上有 8 个不难辨认的汉字：

五星出东方利中国。

"五星出东方利中国"织锦护臂

7

1995 年，中国的 GDP 首次突破 7000 亿美元。

尽管 11% 的增速略低于 1994 年的 13%，但这种两位数的惊人增长，依旧足以傲视全球。

如今的中国互联网上依旧热传着一段视频，那是记者在

1995年对中国老百姓做的一个随机街头采访。

采访问题是:"您认为中国在21世纪会是什么样子的?"

一个反戴太阳帽的女孩回答:"我想,21世纪的中国,吃的、玩的、穿的、交通,都会改善很多!"

一位老者回答:"我想,由于我们的开放政策,我们国家,商品走向社会,走向世界,人走向世界,跟上世界潮流的发展,一定会成为世界上一流强大的国家!"

一位女士回答:"我想应该和美国、日本差不多吧,应该是很有发展前途的。"

从视频上看,身处1995年的他们打扮不同,年龄不同,口音不同,职业不同,但都有一个相同点:

心中有梦,眼里有光。

独家记忆·我的1995

633嘀嘀咕咕： 1995年我还在上小学。有一个周末，爸妈忽然带我去看了场电影，《真实的谎言》。很多东西我都没看懂，就对直升机和枪有印象。但那天的细节我记得特别清楚，爸妈特别开心和放松，妈妈高高兴兴地特意换了衣服，我还如愿以偿买了一瓶橘子水。大家的高兴既不像过年那么隆重，又比平常的周末有仪式感。看了馒头大师的文章，联系上下文，才知道这是双休和引进大片的大背景给我们这个小家庭带来的美好回忆。

陈田田： 心中有梦，眼里有光的1995年。上完二年级，突然开始放双休日，幸福得难以置信。我和爸爸妈妈在家用VCD看了《真实的谎言》和《红番区》。杰米·李·柯蒂斯用花瓶里的水把头发浇成背头然后跳舞的那段，我丝毫感受不到我爸妈的尴尬，回放了无数遍，哈哈哈哈哈！！突然想起的联动是，2022年杰米·李·柯蒂斯演了《瞬息全宇宙》！

雨辰： 1995年7月，令我难忘的时刻。1994年7月，我高考落榜了，之后决定复读，朝6晚12，复读了一年，7月开榜，我的分数比重点线高了近60分。努力就会有收获！

相风： Windows 95那张图，机箱上熟悉的光驱，现在已经绝迹了。由此，承载了美国大片、影视红剧、经典歌曲的CD、VCD、DVD，以及Windows 95、Windows 98、Windows 2000、Windows XP系统盘，在大行其道几年后尘封了起来。

♛珑珑の父親♛：1995年，我上初中一年级了。那是充斥着漫画、模型的年代，FC游戏机也已经开始没落了……那一年，有了萌动的感觉，对班上的英语课代表很有好感，但不敢说，也不敢告诉别人，偷偷地放在心底……

下午茶：1995年在我的记忆里也印象深刻，那时走在街头，那些流行歌曲天天在耳边萦绕。那年小升初，离开生活了13年的家乡，来到一个陌生的乡镇。学校组织了纪念抗日战争胜利50周年的会演，我和同学们慷慨激昂地排练《黄河大合唱》，那是我人生中第一次也是最后一次登台演出，以后的岁月里只有中考、高考。那个从心底里感到舒服、愉快的日子一去不复返了……

请回答1996

> 1996年和以往的任何一个年份一样，呼啸而来，呼啸而去，为过去的过去留下一些总结，为将来的将来埋下一些伏笔。

1

现在回过头来看，1996年的春晚与之前几届相比，显得有些平淡，但也并非完全没有让人一直津津乐道的节目。

在上一年春晚凭借《如此包装》一炮而红的赵丽蓉，这一年和巩汉林合作，拿出了质量更上乘的小品《打工奇遇》。这个小品中有很多台词成了整整一代人的回忆，甚至之后在互联网上成了一种确定彼此身份的"暗号"：

——宫廷玉液酒。

——一百八一杯!

——它为什么这么脆,它怎么就这么脆?

——它就是一盘大萝卜!

这个小品讽刺的是黑心商家虚开高价,货不对板。这似乎为一个月后国务院办公厅转发国家经贸委等部门的一份文件做了铺垫,那份文件叫《关于深入开展打击生产和经销假冒伪劣商品违法行为的意见》。

但在1996年,困扰中国老百姓的最大问题恐怕并非前两年备受关注的"假冒伪劣"问题,而是日益突出的社会治安问题。

自1983年全国第一次"严打"之后,很多人觉得,是不是应该再来一次了?

2

1996年2月2日凌晨4点左右,63岁的李沛瑶在家中被杀害。

李沛瑶是著名民主人士李济深的儿子,而他遇害的原因令人唏嘘——凶手是他的19岁警卫员张金龙。那天张金龙在凌晨进入李沛瑶的房间盗窃财物,被后者发现后恼羞成怒,用厨房的菜刀将对方残忍砍死。张金龙在逃跑时被逮捕，最后被执行死刑。

李沛瑶当时的身份是全国人大常委会副委员长、中国国民党革命委员会主席，他的遇害也成了新中国成立后第一桩涉及副国级领导的凶杀案，举国震动。

就在李沛瑶遇难后6天，一名叫鹿宪洲的男子在光天化日之下，手持56式自动步枪，抢劫了北京市一家工商银行的运钞车，当场射杀两名银行工作人员，射伤一人，抢走百万元巨款。

这起银行抢劫案是新中国成立以来北京首次发生的恶性案件，作案者鹿宪洲是云南某部队退伍军人，已有犯罪前科，在服刑期间越狱潜逃。他在2月作案后，还在6月和8月两度作案，再次造成两名银行工作人员死亡。1996年9月8日，鹿宪洲在被警方伏击后驾车逃跑，被击伤后不治身亡。

而就在鹿宪洲首次抢劫运钞车一个多月后，3月31日晚，刑满释放人员白宝山在北京市石景山区高井热电厂用铁棍打伤一名执勤武警，抢走56式半自动步枪一支。之后，白宝山多次作案，甚至公然开枪射杀哨兵后抢夺枪支弹药，前后共杀死15人，打伤15人，其中包括抢劫乌鲁木齐边疆宾馆，抢走人民币140万元，打死7人，伤5人。

白宝山最终被捕后，供认当初是因抢劫、盗窃罪入狱后产生了报复社会的心理。

白宝山后于1997年9月5日被捕，1998年4月被执行死刑。

接连多起骇人听闻的恶性案件，让全国的老百姓都人心惶惶。时任公安部部长陶驷驹拿出的数据也令人震动：1996年1月至2月，全国公安机关重大刑事案件立案数比去年同期上升12.6%，其中不少是重大恶性案件。

在3月召开的全国两会期间，很多全国人大代表和政协委员都要求整顿社会治安秩序。于是，从4月开始，继1983年后的第二次"严打"全面拉开帷幕。

在这场"严打"行动中，全国仅犯罪团伙就被打掉了9万多个，抓获团伙成员42万余名，但公安民警也付出了惨重代价，仅"严打"开始后三个月，全国就牺牲民警75名，伤2800多名，其中重伤266名。

值得一提的是，虽然"严打"取得了丰硕成果，但在这个过程中，也出现了一些问题：司法体系原有的制衡、监督和纠错机制有时被削弱了，甚至出现了一些"先定后审"的案子——这就导致出现冤案和错案的概率提高了。

1996年4月9日，在呼和浩特第一毛纺厂家属区公共厕所内，一女子被强奸杀害。在缺乏相关证据的情况下，公安机关认定报案人呼格吉勒图是凶手，呼格吉勒图在被刑讯逼供后认罪，但之后又上诉不服，在上诉被驳回后，于 6 月 10 日被执行死刑。

2005 年 10 月 23 日，此案出现转折：一个叫赵志红的男子承认当年杀害女性的凶手其实是他。直到 2014 年 12 月 15 日，内蒙古自治区高级人民法院再审判决宣告原审被告人呼格吉勒图无罪，之后启动追责程序和国家赔偿。

但总体而言，"严打"还是体现出了效果的：1996 年，实现了新中国成立以来首次刑事立案数和重大刑事案件数同时下降。

国泰，才能民安；民安，国家才有发展的前提和基础。

3

1996 年，是中国的"九五计划"开局之年，而作为"八五计划"的第一号工程，京九铁路建设是否完成，意义重大。

1996 年 9 月 1 日，干线段全长 2407 千米的京九铁路全线开通运营。这条线路北连京哈线，自北京西站起，南抵香港九龙，沿线经过华北、华中、华东和华南四个地区，串联起了香港和内地 7 个省份，沿途共 177 个车站，堪称贯通中国南北的一条大动脉。

当年孙中山先生在《建国方略》蓝图中，就提出了建设一条"南北铁路线"的构想,这个构想历经近百年,由几代人用汗水乃至血水浇筑和建造,终于成为现实。

京九铁路

京九铁路自 1993 年开始全面动工,历经三年完成,是当时中国的第二大工程。而作为第一大工程,长江三峡工程的建设在 1996 年也迎来了一个重要节点。

1996 年 8 月 11 日,为确保长江三峡枢纽工程在 1997 年年底实现大江顺利截流,三峡库区一期水位移民工作全面铺开。

在此后的十几年间,湖北和重庆的 100 多万移民陆续搬离此前居住的水库淹没区,迁往上海、广东、山东、江苏、浙江、湖南等省市。

中国人讲究"乡土",讲究"叶落归根",离别之际,一名抓着船舷栏杆,望着家乡泪流不止的三峡移民曾动情地说过一

满载三峡移民的轮船

句话：

"谁舍得离开自己的家？只是希望，祖国这个大家能越来越好……"

谁都希望自己的国家好，但有时候，国家的前进之路也绝非尽是坦途。

1996年2月15日凌晨，在全世界面前，中国首次发射的"长征三号乙"（CZ–3B）运载火箭在升空2秒后就出现了明显的箭体倾斜，最终像一枚巨大的导弹，掠过西昌卫星发射基地的天空，径直撞向了离基地大约 1.8 千米外的山头，引发剧烈爆炸，其上搭载了"国际通信 708 卫星"，瞬间箭星俱毁——整个过程只有 22 秒。

更严重的是，失控火箭爆炸的地点正好在西昌卫星发射基地航天工程技术人员临时住宿的协作楼和宾馆附近，根据《人民日报》当时的报道，有 6 人死亡，57 人受伤。

爆炸那一刻，有人在指挥部看到"长征三号乙"火箭的总设计师和总指挥龙乐豪院士低下了头，独自一人离开了人群，在旁边的一个木箱上无力地坐了下来。

三天之内，当时 58 岁、原本只有一些灰白头发的龙乐豪，已是满头白发。

根据多方专家和独立调查团队长达半年的深入调查分析，"长征三号乙"火箭发射失败原因终于确定：随动框架伺服回路里电压输出模块中的一个金-铝焊接点失效，进而引发了一系列故障。

痛定思痛。中国航天团队提出了 44 项共 256 条严厉乃至苛刻的改进措施，从仓库保管员到火箭设计总工程师，小到一个螺丝钉、一根电线，每个人都再一次明确了自己的责任。

当时的中国航空工业总公司总经理刘纪原透露："在实施新规章制度之后的一年半时间里，我们总共处理了 500 多人。"

1997 年 8 月 20 日凌晨 1 点 50 分，改进后的"长征三号乙"运载火箭在所有中国航天人的注视下点火升空，30分钟后，成功将"马布海1号"通信卫星送入预定轨道。

截止到2019年1月11日，"长征三号乙"运载火箭一共进行了54次发射，其中成功51次，部分成功2次，失败1次（即1996年2月15日那次），发射成功率达到94.44%；2015年发射19箭45星，成功率达到100%。

一度受到国际质疑，甚至连承保方都找不到的中国航天，再一次擦亮了自己的品牌。

而在1996年，需要重新建立自己公信力的，不仅仅是中国航天。

4

1996年7月19日，第26届夏季奥林匹克运动会在美国的亚特兰大拉开帷幕。

1992年巴塞罗那奥运会神奇的射箭点火方式吊高了公众的胃口，让全世界对1996年这场奥运会开幕式上的点火仪式充满期待，但一向自诩有创意的美国人却老老实实采用了"人举火炬点燃圣火"的传统方式，不过点火的那一幕还是给全世界留下了深刻印象：

已经患有帕金森病的传奇拳王穆罕默德·阿里，用颤抖的双

拳王阿里点燃火炬

手点燃圣火，火光映出他无比坚毅的面孔，这一幕平凡但又不平凡的点火镜头，成为整个奥运历史上最感人的回忆之一。

但在那天开幕式上列队整齐入场的中国代表团，却感觉到了一种无形的压力。当代表团入场时，美国的一个解说员直接说了一句："看！一支靠服用兴奋剂获得成绩的队伍正向我们走来！"

很难想象在奥运会这样的场合，一个解说员会脱口而出如此无礼的话，但换个角度来看，这也触及了当年很多中国体育人心中的痛。

在1994年年末的各国通讯社评出的世界十大体育事件中，"中国游泳队服药事件"都排在前三位——1994年的广岛亚运会上，中国代表团有12名运动员被查出服用禁药，其中7名是游泳运动员，他们中的4名女选手都刚刚在罗马世锦赛上夺得过金牌。这也导致中国游泳队在1995年直接被禁止参加泛太平洋游泳锦标赛。

而在国际田坛，很多人对大幅度成批量惊人刷新女子中长跑世界纪录的中国"马家军"也质疑声不断，称"不服药不可能出这样的成绩"。

一时之间，中国体育蒙上了一层"兴奋剂"阴影。

但中国体育人还是昂起头站在了奥运会的舞台上。在亚特兰大奥运会上，中国代表团继1992年巴塞罗那奥运会后，再一次拿到了16枚金牌，位列美国、俄罗斯、德国之后，排在第四位。

亚特兰大奥运会开幕式，中国代表团入场

在那届奥运会上，很多中国人都记住了伏明霞的微笑、邓亚萍的握拳、占旭刚的怒吼，还有刚刚开始崭露头角的"铿锵玫瑰"们的欢呼——虽然那只是一枚女足银牌，但足以成为美好回忆的开始。

但很多圈内人都清楚，在那16枚金牌中，有两枚金牌的获得尤为不易。

一枚是由21岁的上海姑娘乐靖宜拿下的女子100米自由泳金牌。在中国游泳遭受全世界质疑的背景下，她以破奥运纪录的成绩清白夺金，堵住了很多人的嘴。

另一枚是由23岁的吉林姑娘王军霞拿下的女子5000米长跑金牌。在很多人已对"马家军"三个字讳莫如深之后，她身披五星红旗绕场一周，给全世界留下了"东方神鹿"的形象。

在这一届奥运会上，中国代表团由495人组成，其中运动员平均年龄只有20岁出头，85%的人是第一次参加奥运会——这让人看到了中国体育的未来和希望。

而说起"青春风暴"，当年不少初涉NBA的球迷都会对那一年联盟的选秀大会印象深刻，因为涌现出了被称为"96黄金一代"的一批天才球员，他们每一个人的名字现在报出来都如雷贯耳：

阿伦·艾弗森、雷·阿伦、科比·布莱恩特、史蒂夫·纳什、斯蒂芬·马布里、佩贾·斯托亚科维奇、约翰·华莱士……

那是一个值得回忆的年轻夏天，就像有首歌里唱的那样：

"我怀念有一年的夏天，一场大雨把你留在我身边……"

5

1996年的夏天，很多年轻人似乎都回到了童年时的"撒娇"状态。

"左三圈，右三圈，脖子扭扭屁股扭扭"，他们一边哼着似乎适合幼儿园小朋友唱的歌曲，一边还在憧憬"如果我有仙女棒，变大变小变漂亮"。这一切都是拜一个叫范晓萱的19岁少女所赐，她在这一年发行的《甜蜜·眼泪》专辑风靡全国，其中多首歌曲让整整一代人在多年后依旧陷入"你的甜蜜"中不可自拔。

有人喜欢"幼齿音"，而有人怀念"御姐音"。1996年，早已成名的蔡琴在39岁的年纪推出了《民歌蔡琴》专辑，让人再度领略了她"醇、稳、准"的唱功和歌词背后难以言尽的意韵，一句"是谁在敲打我窗"，在6年后依旧能借香港电影《无间道》的大热而再度流传于大街小巷。

1996年的港台乐坛，不少新人横空出世。除了范晓萱，22岁的许茹芸用特有的"许氏呼吸唱腔"让无数少男少女仰天长叹"如果云知道"；26岁的苏慧伦凭借一首《鸭子》让期待独立坚强的少女们都勇敢地唱出"啊哈，去吧，没什么了不起！"

有横空出世，也有咸鱼翻身。27岁的周传雄在这一年推出了个人第8张专辑，终于让无数歌迷开始觉得"我的心太乱"；30岁的任贤齐凭借个人第5张专辑《心太软》成功翻身，销量达到惊人的2600万张，一时之间，全国大街小巷到处都是"你总是心太软，心太软"。

一边"心太乱"，一边"心太软"，究竟该怎么办？36岁的齐秦在这一年推出了一首情歌，告诉大家，无论如何，"不让我的眼泪陪我过夜"。

爱情故事如果能折射时代的变迁，其实更容易让人们记住。1996年，陈可辛执导的《甜蜜蜜》之所以成为一代人记忆中的经典，恰恰也是抓住了这一点。只是若干年后视频网站上的版本做了删减，导致一些经典镜头变得莫名其妙。

相比之下，周星驰在这一年推出的电影《食神》就相对讨巧一些，"美食+搞笑"很能切中市场，也让人无法下刀，其中的"黯然销魂饭"至今还能在一些餐厅的食谱上见到。而相对于周星驰、莫文蔚、谷德昭，老戏骨吴孟达在里面饰演的反派似乎更让人印象深刻，充分彰显了他的表演功力。

但1996年对整整一代内地年轻人产生影响的香港电影，是一部抓了几个演员临时凑数就拍出的小成本电影《古惑仔》。这部耗费不大拍出的电影最终收获了惊人的2000多万港元票房。幕后推手王晶趁势在同一年催着导演刘伟强立刻拍出了第二部和第三部，一年拍三部，票房达到6300万港元。

这个以黑社会底层为背景的电影系列，虽然想突出一个"义"字，但在客观层面确实对当时三观还没完全形成的青少年造成了很多不良影响，无数少年开始要混"洪兴"，做"扛把子"，模仿山鸡讲话，学乌鸦掀桌子，几个尚未成年的孩子聚在关公像面前感叹"生死有命，富贵在天"，却不知道这句话其实出自《论语》。

但时光终会流逝，少年总会长大。他们在进入社会后发现，江湖哪是什么简单的打打杀杀，江湖是在大家遵守规则前提下的人情世故，老百姓们遵纪守法的平凡生活才是构建一个和谐社会的基础，就像那一年红遍内地的电视剧《宰相刘罗锅》主题曲里唱的那样：

"天地之间有杆秤，那秤砣是老百姓……"

6

天地之间无穷大，有些遥远的地方，可能一辈子都去不了了。

1996年3月14日，83岁的王洛宾逝世。这位曾创作出《掀起你的盖头来》《达坂城的姑娘》《半个月亮爬上来》等一系列脍炙人口歌曲的"西部歌王"，最终把他那首《在那遥远的地方》的乐谱刻在了自己的墓碑上，那是他最满意的一部作品：

"在那遥远的地方，有位好姑娘，人们走过了她的帐房，都

"西部歌王"王洛宾

要回头留恋地张望……"

如果说感情尚有可能控制的话,那么人的生死是无法改变的,正如话剧《雷雨》中的一句台词说的那样:

"仿佛人是自己命运的主人,却常常不能主宰自己的命运。"

1996年12月13日,86岁的曹禺在北京病逝。这位写出过《雷雨》《日出》《原野》《北京人》等诸多大作的剧作家,临终前在枕边放着常读的《托尔斯泰评传》,留下了自己的遗憾:

"我要写出一个大东西才死,不然我不甘。我越读托尔斯泰越难受。你知道吗?"

文学的创作之路其实是没有尽头的,科学探索也一样。

1996年11月2日,95岁的严济慈与世长辞。这位曾被徐悲鸿画肖像并称之为"科学之光"的著名物理学家,为中国的科学事业做出过卓越的贡献。

也就是在这一年,曾经和严济

曹禺

慈在 1978 年全国科学大会上同属一个小组的一位数学家也去世了。他的研究成果曾让全国人民都重新认识了"1+2"这个简单算式，他的名字也曾激励了一代中国年轻人，让他们相信国家振兴需要的是尊重科学，尊重事实，而不是夸夸其谈，人浮于事。

这个数学家的名字叫陈景润，他在 1996 年 3 月 19 日去世，享年 63 岁。

值得一提的是，原本默默无闻的陈景润变得家喻户晓，很大

陈景润一家人在一起

原因是一篇名叫《哥德巴赫猜想》的报告文学，这篇文章的作者叫徐迟，他也在这一年的 12 月 13 日去世了。

藤子·F·不二雄

人虽离世，但作品永存，并且不断影响后人，无数著名的作家都证明了这一点，而漫画家也在此列。

1996 年 9 月 23 日，63 岁的日本漫画家藤本弘去世了。他更为人所知的名字是他的笔名：藤子·F·不二雄。他和他的搭档藤子不二雄

A（安孙子素雄）一起创造了一个并不复杂却让人无比向往的世界——哆啦A梦宇宙。

不少人都认为，哆啦A梦的世界之所以吸引人，并不是因为它总能从自己的口袋里掏出各种神奇的宝贝，而是它和大雄、小静他们一起营造出了一个没有纷扰和黑暗、充满宁静祥和的世外桃源。

而这样的世界之珍贵，正是由现实世界的残酷和充满变数衬托出来的。

7

1996年3月，台海不平静。

3月8日，两枚东风-15弹道导弹先后自福建永安呼啸升空，最终落在台湾高雄市外海西南30~150海里处。

10分钟之后，又一枚东风导弹自福建南平升空，精确落在台湾基隆港外海29海里处。

之后的3月12日至3月20日间，中国人民解放军海、空部队在东海与南海展开实弹军事演习，其中包括航空兵力的战术操演和编队航行、火炮、导弹射击及海空联训。3月18日至3月25日，解放军海、陆、空部队展开联合作战演习。这些演习，后来被纳入1995—1996年"台海危机"的一部分。

这场危机的缘起是在 1995 年 5 月，美国公然违背一个中国原则，允许台湾地区领导人李登辉以所谓的"私人身份"窜访美国并发表演讲，在演讲过程中，李鼓吹"一中一台"。

针对李登辉的行为，中国人民解放军随后于 1995 年的 7 月、8 月和 11 月在台湾海峡和台湾附近海域举行了三次大规模军事演习，而 1996 年 3 月的第四场军事演习堪称整个演习的最高潮，也引得美国不得不派出"尼米兹号"和"独立号"两个航母战斗群进入台湾海峡。

根据后来解密的档案，中国人民解放军当时并非没有做好"演习变实战"的准备，但多个因素让中方最终保持了克制。而后来的公开资料显示，时任解放军总后勤部军械部部长刘连昆当时已叛变成为对方的间谍，向台湾方面输送了大量解放军演习的绝密情报，导致解放军在很多环节的处理上陷入被动。①

刘连昆，1992 年成为台湾方面间谍，在两岸同时拥有少将军衔。由于他在 1996 年 3 月的演习中泄露的情报密级很高，最终落网，1999 年被处死刑

台湾海峡的战争乌云最终散去，但统

---

① 《台湾"军情局"的疯狂岁月》，《文摘报》，2011 年 3 月 5 日 05 版。

一的趋势是不可阻挡的。

1996年12月11日，香港特别行政区首任行政长官由选举产生，浙江舟山出生的董建华担任这一职务。而就在这一年的年初，国务院、中央军委已经发布公告：

中华人民共和国中央人民政府派驻香港特别行政区的部队组建完成。

驻港部队由中国人民解放军陆军、海军和空军部队组成，隶属中华人民共和国中央军事委员会领导。这支部队将于1997年7月1日零时正式进驻香港。

中国人从来就不喜欢战争，但也不会畏惧恐吓，更不会放弃用正义战争谋求和平的手段——祖辈们留下的那个"止戈为武"成语已说明了问题。

1996年7月29日，中国成功进行了第45次核试验，并在那天庄重宣布：

从1996年7月30日起，中国开始暂停核试验。中国在任何时候、任何情况下都不首先使用核武器。

那一天，是邓稼先的10周年忌日。

这位曾为中国的原子弹研发做出卓越贡献的"两弹元勋"，临终前留下三句遗言。

第一句是对妻子说的：

"苦了你了。"

第二句是对自己说的：

"永不后悔，死而无憾。"

第三句，是对后人的嘱托：

"不要让人家把我们落得太远。"

1986年6月，杨振宁探望病重的邓稼先（左），邓稼先和他合影留念，面容保持微笑

8

站在1996年的门槛上回望，这一年其实有不少"周年"。

这一年，是中国共产党成立75周年，是"九一八事变"65周年，是红军长征胜利60周年，也是"西安事变"60周年。

还有一个很短的周年：苏联解体5周年。

历史总是静静地等在那里，从不求关注，也不要转发，但其实谁都清楚地知道：忘记历史，意味着背叛。

1996年和以往的任何一个年份一样，呼啸而来，呼啸而去，为过去的过去留下一些总结，为将来的将来埋下一些伏笔。

一切向前看，万事不忘初。

独家记忆·我的1996

黎长全： 1996年，对国家来说是多事之秋，对于我个人，也充满了挑战！从部队转业到地方工作，上无片瓦，下无立锥之地。夫人下岗，早产，生下双胞胎，一子夭折，一子二斤八两，在温箱睡了一个月，同时夫人因产后并发症住院，一下子欠医疗费1.8万元。工资每月405.17元，房租100元，孩子奶粉钱400元，入不敷出！一边上班，一边兼职，都不敢回家探亲，没有车费！一晃，20多年过去了，岁月沧桑，人生如梦！1996年，深深刻在骨子里！国家的命运与每个人的命运息息相连，国家向好，我家亦实现了全面小康！只要努力，没有过不去的坎！加油，我的国！加油，中华儿女！

壹帆： 1996年7月高考不中，从此告别校园，开始了18年的军旅生涯。

田： 1996年10月，我从山西大同来到北京，开始北漂生活，国展中心的家乐福是每天打卡之处。转眼20多年过去了，由外地人变成新北京人，成家立业，目睹了北京的巨大变化，要是细说，几天几夜也说不完。

zeck： 1996年欧洲冠军联赛，尤文图斯凭借点球以4比2战胜阿贾克斯拿下冠军，我当天逃课熬夜去看了。我爸后来问我为什么要这么做，我回答，可能我不知下一次要等多少年——无悔青春。

君道他爸： 记得白宝山真的是给全国带来恐慌的一个人，一个疯子。

那时候时不时就有白宝山流窜到哪里、在哪里出现了的传言和谣言。

林恒：记得那年，一个同学对着我们的数学老师唱了《心太软》，害得全班留下来罚坐。

桃：1996年我在准备中考了，感觉1997年就要大变革了。记得当年国务院副总理李岚清到烟台视察教育工作，我中考擦边进了我们那里最好的高中。没想到我上高中之后竟然"学品"大爆发，最后也考取了我最爱的英语专业。所以那几年真的是命运的齿轮开始转动……

李锐：1996年，经过一年艰苦复读，我考上了心仪的大学，结识了伴我一生的她。在历史长河中，这是普通的一年，对于我来说，这是改变命运的一年！感谢1996！！！

J.：高中九六届，大学九六级。我们也成为20世纪毕业的最后一届大学生。

一不小心就迷路了：1996年对我自己来说，最重要的事莫过于上了大学，从此开始了离开家的生活，至今也没能再回到出生的地方。

请回答 1997

"1997年,我深情地呼唤你,让全世界都在为你跳跃,让这昂贵的名字永驻心里。"

1

对于不少人来说,1997年的那场春晚,并没有留下太多让人印象深刻的经典作品。

相对来说,还是几个语言类的节目让人记住了一些台词。比如已经开始以"子母哏"(逗哏和捧哏承担基本相同的任务)为特色的牛群和冯巩,针对"男女地位"问题在《两个人的世界》这个节目中进行了一场大辩论。如今回过头来看,有些

"哏"所用的素材已经有明显的时代烙印，现在的孩子估计已经挺难理解了：

——男人就是大哥大呀，大哥大，你听这名字，都得听他的。

——女人就是BB机，BB机一呼，你大哥大乖乖地就得回啊！

不过有些还是依旧能让人摇头苦笑：

——女子足球队为什么在这次亚特兰大奥运会就拿了一块银牌啊？就因为足球队里头少一个男的！

——哦，那么男子足球队为什么连亚洲都出不去啊？就因为绿茵场上少十一个女的！

值得一提的是，在那一年，中国男足在世界杯亚洲区预选赛十强赛中功亏一篑，若干年后，无数球迷才回味过来：那可能是"史上最强的一届国足"，但即便如此，也只留下了关于"大连金州不相信眼泪"的伤心回忆。

那年的春晚，还有一句台词也颇让人玩味，是《红高粱模特队》里赵本山对当时刚崭露头角的范伟说的：

"我觉得猫走不走直线，完全取决于耗子。"

在提出"黑猫白猫论"的35年之后，很多中国人其实都对刚刚开始新一年的国家充满期待。在零点钟声即将敲响之际，赵忠祥和倪萍两位当时央视当家主持人合作配乐诗朗诵《北京时间》：

——你听，你听，北京时间的嘀嗒声里，寒雪下面，青草伸展着小手，溪流欢跳着歌唱。

——你看，你看，料峭的春风里飞来了一只红蜻蜓。

——啊，让我们用最隆重的礼仪迎接这北京时间新春的零点。

——让我们以北京时间的速度和名义向世界宣布：中国将提前向未来时间发出邀请。

——发出邀请！

——发出邀请！

2

如果把改革开放视为中国接受世界经济大家庭邀请的一种正式表态，那么直到1997年，中国依旧在"痛并快乐着"前进。

从经济数据来看，1997年中国的GDP已超过7.9万亿元，虽然9.2%的增长率相比前几年有所下降，但这样的增长速度依旧超乎想象，且脚步稳健，尤其是这一年的通货膨胀率也从前几年的高位回到了比较理想的2.8%。

但国内经济也不是没有令人头痛的问题：1997年末，全国独立核算工业亏损企业亏损额达 1341 亿元，比上年末上升 11.1%，其中国有企业亏损 744 亿元，上升 8.2%。当年的国务院政府工作报告专门提到：

"部分国有企业生产经营困难，亏损增加，停产、半停产企业和下岗失业人员增多。"

这一年的 1 月 6 日至 9 日，国务院在北京召开全国国有企业职工再就业工作会议。副总理朱镕基在会上强调，解决国有企业困难要走减员增效、下岗分流、规范破产、鼓励兼并的路子，建立社会主义市场经济体制下的优胜劣汰新机制。①

如果说"劣汰"是经济发展中的一种必然规律的话，那么"优胜"的"优"如何判断、如何发展、如何壮大，是 1997 年的中国经济试图解决的一个新课题。

也就是在这一年，一种中国乃至全世界都还不熟悉的颠覆性的、基于一种神奇网络的新经济模式，开始悄然萌芽。

这一年，一家叫"瀛海威"的互联网公司开通了全国大网，三个月内开通了北京、上海、广州、福州、深圳、西安、沈阳、哈尔滨 8 个城市，成为中国最早也最大的民营 ISP（网络业务提供商）、ICP（网络内容服务商）。这家在 1995 年成立的公司曾在北京的中关村南大街上设立过一块巨大的广告牌，上面

---

① 《国有企业职工再就业会议召开》，《人民日报》1997 年 1 月 10 日第一版。——编者注

写着：

"中国人离信息高速公路还有多远？向北一千五百米。"

瀛海威当年的广告牌

这一年，一个叫王志东的30岁东莞年轻人引入了一笔高达650万美元的投资，一家由他创办并担任总经理的IT（信息技术）企业也成了中国首家引入国际风险投资的企业——这家企业叫"四通利方"，后来改名为"新浪"。

这一年，一个叫丁磊的26岁宁波小伙悄悄创立了一家公司。他在两年前不顾家人的强烈反对，辞去了电信局的"铁饭碗"，毅然决然地投身他看好的电子科技浪潮中。他创立的这家公司，用阿拉伯数字"163"来注册域名，起名叫"网易"。

这一年，一个叫张小龙的28岁湖南邵阳年轻人，自己研发了一个国产邮箱系统，取名叫"Foxmail"，当然，让他为大众所熟知的不是这款刚出生就颇受好评的邮箱系统，而是之后一款叫"微信"（英文名叫"WeChat"）的即时通信软件——他后来被人称为"微信之父"。

1997年11月，中国互联网络信息中心（CNNIC）第一次发布了《中国互联网络发展状况统计报告》：截止到1997年10月31日，中国共有上网计算机29.9万台，上网用户数62万，CN下注册的域名4066个，WWW站点约1500个，国际出口带宽18.64M。

一条原本无人知晓的大河开始慢慢苏醒，涌动，并将在未来30年为中国经济和社会各层面的发展注入无穷的动力和活力。

1997年5月15日，《安徽日报》上刊登了一篇署名文章，题目是《追忆李诚先生》。

作者李克强那一年42岁，他在文中深情回忆了恩师李诚先生生平的点点滴滴和谆谆教诲，并在文章的最后写下一句话：

"诚然，流动的河水总是不腐的。"

3

河水之所以能保持流动，本身也需要维持前进的动力。

1997年1月20日，51岁的比尔·克林顿宣誓就任美国总统，开始了他的第二个总统任期。

克林顿是轻松击败共和党候选人鲍勃·多尔后连任的。尽管此前民主党遭遇了中期选举失败，丢掉了美国国会两院长达40年的控制权，但克林顿的选举之战赢得几乎毫无悬念：选举人票是379对159。

外界对克林顿轻松连任的原因分析大体一致：在他的第一个总统任期内，美国经济的走势相当好。

这个获胜关键其实早被克林顿和他的幕僚团队掌握，正如当年他首次竞选击败经验丰富且刚带领美国打赢海湾战争的老牌政客布什时，喊出的那句著名口号：

"笨蛋，是经济！"

经济能成为获胜的关键，自然也会成为崩盘的触因。

1997年7月2日，泰国政府忽然宣布放弃固定汇率制，实行浮动汇率制——苦苦支撑了四个多月的"泰铢保卫战"宣告失败。

泰国政府的这个声明一出台，当天泰铢兑美元的汇率就狂泻17%，整个泰国的外汇及其他金融市场陷入一片混乱。

当时很多亚洲国家、地区和相关机构可能都还没意识到，泰国这只"蝴蝶"扇动的翅膀，将引起一场席卷全亚洲的金融大风暴：

8月，马来西亚宣布针对本国货币的"林吉特保卫战"失败，步泰国后尘，整个国内金融市场崩盘。在此之前，菲律宾比索已经一泻千里。

9月，一向坚挺的新加坡元开始受到冲击；印度尼西亚的卢比在8月宣布自由浮动汇率后，开始加速崩塌。

10月，中国台湾在尚有830亿美元外汇储备的情况下，忽然宣布弃守新台币汇率，新台币一天之内贬值3.46%。

11月，韩国的韩元兑美元汇率在17日跌到历史低点1008比1，以至于韩国政府只能向国际货币基金组织求援。

12月，日本的银行和证券公司破产数量持续上升。

……

这场始于泰国的金融崩盘，蔓延了整个东南亚，最终席卷了全亚洲，以至于有了一个让后人触目惊心的正式称谓：亚洲金融危机。

经济基础决定上层建筑，而上层建筑也反作用于经济基础，为经济基础的形成和巩固服务。这场危机引发的著名的"香港金融保卫战"要到第二年才会上演，但在这一年，中国和另一个大国的关系步入了一个新阶段——不仅仅是在经济层面。

1997年10月26日，时任国家主席江泽民从北京启程，开始对美国进行为期8天的国事访问。这是时隔12年后中国元首的首次访美，也是江泽民的第一次访美。[①]

江泽民的这次访美得到了美国方面全程高规格的接待，在他启程当天，美国总统克林顿就向全国发表电视讲话，称美中全面发展互利合作关系符合两国的根本利益，中美关系将会得到进一步改善和发展。

江泽民的访美之行留下了诸多后来让很多人回味的小镜头：

在夏威夷用当地传统的六弦琴为州长夫人的演唱伴奏；在受邀参观白宫时，当着克林顿的面用英文朗诵了林肯的葛底斯堡演讲稿的开头；在洛杉矶的欢迎晚宴上清唱了京剧《捉放曹》的选段……

在一次公开演讲中，有美国记者举手提问江泽民，有没有听到会场外那些"台独"和"藏独"分子抗议的"噪音"。江泽民坦然回答，他不但听到了，而且坚信正义的声音一定会压倒"噪音"。

全场掌声雷动。

其实中方早已预料到，国家领导人的访美之行不可能完全

[①] 以下对江泽民访美过程的描述参考纪录片《越过太平洋》（中央电视台和中央新闻纪录电影制片厂制作，1998年6月15日播出）。

一帆风顺，无论是当年的美国还是现在的美国，反对与中国加强合作的声音有很多，尽管其中很多人心里清楚，投赞成票才是明智之举。

4

"谁赞成，谁反对？"

梁家辉可能未必会想到，自己参演并于1997年上映的香港电影《黑金》中的这句经典台词，会成为几十年后一句流行的网络语。而他因为另一句金句"你坐马自达，怪不得你塞车！"在20多年后被马自达厂家豁达引用，并请他做了品牌代言人。

事实上，《黑金》的一号男主并不是演技耀眼的梁家辉，而是刘德华。但正如华仔的光芒在这部电影中被掩盖一样，那一年的香港电影圈其实也没有太多拿得出手的作品。刘德华的另一部作品《天地雄心》，李连杰的《黄飞鸿之西域雄狮》，成龙的《一个好人》，郑伊健的《97古惑仔之战无不胜》，以及周星驰的《算死草》和《97家有喜事》，大多是一些一提起片名，观众会说"噢！我知道"，但仔细一想，却并没有多少印象的作品。

当然，那一年内地电影市场的闪光点也不多，除去开了不少先河的冯小刚的《甲方乙方》和张艺谋罕见尝试荒诞风格的《有话好好说》，也没有太多拿得出手的作品。

相比之下，1997年的电视剧市场倒是一片繁荣，并呈现出一个鲜明特点：古装戏大热。

由张国立和邓婕主演的《康熙微服私访记》一播出就引发关注。尽管也有评论家指出这部剧只是满足了不少中国老百姓的"青天大老爷"情结以及"先抑后扬"的复仇爽感，但剧本台词扎实、演员表演到位，确实也是这部剧的特点，以至于当年不少人都多少能开口抑扬顿挫地哼上一句片头曲："五——花——马，青锋——剑……"

另一部古装武侠剧《圆月弯刀》也具有一定热度，不过不少女性观众观看这部剧的主要动力还是来自男主角古天乐。继1995年的《神雕侠侣》之后，古天乐再一次让观众领略了他巅峰时期的惊人颜值。

当然，那一年最火爆的古装武侠电视剧，非《天龙八部》莫属。黄日华、陈浩民、樊少皇等人出演的这部金庸武侠剧红遍大江南北，更是拿到了当年"全亚洲收视第一"的桂冠。尤其是曾经成功塑造出"郭靖"形象模板的黄日华，再一次将"乔峰"深深烙印在了金庸迷的心目中，以至于后来连很多武侠游戏中的乔峰形象，其实都是黄日华版的变体。

《天龙八部》让观众印象深刻的还有那首主题曲《难念的

经》，周华健用实力告诉大家要念好这本"经"，必须加强体育锻炼，切实提高自己的肺活量。不过那一年他最火的歌曲并非这首《难念的经》，而是直到现在都在各大卡拉 OK 厅包间里被人传唱的《朋友》。

就像"朋友一生一起走"那句歌词被无数人传唱一样，刘德华在那年凭借一首《冰雨》，也贡献了一句经典歌词——只是后来经常会成为互联网上形容自己一时蒙掉的搞笑哏："冷冷的冰雨在脸上胡乱地拍……"

如果要说到"乱"，这一年的内地乐坛倒颇有点"乱"象，不过这个"乱"是百花齐放的"乱"：

屠洪刚在这一年推出了一首《中国功夫》，那种带有京剧唱腔的曲风让人耳目一新；蒙古族歌手腾格尔的《天堂》用一种一步三回头式的曲折苍凉唱腔，让人依稀领略到了草原之美，而他自己也因为这种独特唱腔成为后来互联网演唱博主最喜欢模仿的人之一；而与听上去缥缈虚无的"天堂"相比，陈明的《快乐老家》用一种让人眼前一亮的轻松活泼曲风，唱出了人们内心对快乐的向往。

那一年，港台歌坛涌现出了不少新人。

28 岁的陶喆在他的首张专辑中表示"爱，很简单"，"只要能在一起，做什么都可以"。但 27 岁的莫文蔚在她的首张普通话专辑中用《他不爱我》揭露爱情的另一面，"我看透了他的心，还有别人逗留的背影"。

23岁的张震岳在《爱的初体验》中回忆年轻人初涉爱河时的那份青涩，"是不是我的十八岁，注定要为爱情流泪"。而25岁的张惠妹在《听海》中给出了排解方式，"听，海哭的声音，叹惜着谁又被伤了心"。

值得一提的是，张惠妹是1996年12月凭借第一张专辑《姐妹》出道的，这张专辑创下了销售108万张的奇迹，成了台湾地区当年的最高纪录。而1997年的第二张专辑 *Bad Boy* 继续大火，销售135万张，打破台湾地区女歌手销售纪录。

成名以后，张惠妹一直都很感激一路提拔她的那位"伯乐"，但那位"伯乐"却再也看不到她之后的辉煌了：

1997年11月12日，著名音乐人张雨生因为车祸重伤不治而离世，去世时只有31岁。

他确实在认真过每一分钟，但他的未来，只能成为他歌迷们的一个梦。

5

"我活在世上，无非想要明白些道理，遇见些有趣的事。"

王小波在《沉默的大多数》中写下的这句话曾触动了很多人，只是没有人知道他自己是否已经体会够了那样平淡又繁华的风景,因为他来这一遭人世间的时间太短了——1997年4月11日,他因心脏病突发逝世,年仅45岁。

在这一年逝世的,还有77岁的汪曾祺。这位作家在年轻时经历过不少坎坷和颠簸,也遭受过不少不公的待遇,却始终能保持一种恬淡随和的心态,并用文字将这份心态表达出来,感染着一批又一批的人。

汪曾祺

汪曾祺是江苏高邮人,后来在抗战期间一路颠沛去了西南联大,然后去了北京。在他的很多作品中,都流露出浓浓的思乡情绪,而思乡的情绪是人类共有的,无论中外。

这一年,54岁的约翰·丹佛在美国加州一个小镇附近驾驶一架双人小飞机起飞,不久之后飞机就坠毁了。他的众多歌迷都期盼,有那么一条乡村小路,带着他去了本该属于他的那个家乡天堂。

"Country roads take me home, to the place I belong."

(乡村小路带我回家,回到属于我的地方。)

属于自己的乐土究竟在哪里,有的人终其一生没有找到,有的人觉得自己找到了,却没有时间享受了。

1997年8月31日凌晨，巴黎市民在塞纳河畔看到了一场不亚于好莱坞大片的追车戏：七辆风驰电掣一般的摩托车紧紧咬住一辆黑色的奔驰轿车，在市中心街道上飞驰。

最终，轿车撞到了阿尔玛桥下公路隧道的一根分界水泥柱上，当救援人员赶到现场时，奔驰轿车车体已经完全变形，成了一堆扭曲的金属。人们最后只能切割开车顶，救出了其中一名身负重伤的女子。

凌晨4点，那名女子因为大出血在医院逝世，年仅36岁。

那名女子的名字，叫戴安娜·弗兰西斯·斯潘塞，是英国王子查尔斯的前妻，大家都习惯叫她"戴安娜王妃"。她刚刚摆脱和英国王子封闭且被背叛的婚姻不久，准备享受属于自己的精彩世界。

1997年9月23日，81岁的蒋纬国逝世。他一生并没有被蒋介石委派担任过什么实权性职务，但在蒋介石和蒋经国去世后，他一直被视为蒋家人在台湾的最大"象征"。

蒋纬国晚年在多个不同场合都表达过同一个观点：希望两岸早日统一。1995年，79岁的蒋纬国在一封信里写道：

"身为中国人，不论现住何处，均宜以促成中国大一统与广传中道国本为职志。尽管目前两岸分裂现状系国际霸权阴谋所造成之历史事实，但随着时间之推移，两岸文教之交流与政经情势朝着良性方面发展了解实况，不再受美、日、俄之欺骗和控制，相信化敌为友，握手同创两岸繁荣，以造福全民，应是不会太久的事！"[1]

事实上，"回归"和"统一"，在1997年已经迈出了坚实的第一步。

6

1997年6月30日23时50分，一场特别的防务交接仪式在香港的威尔士军营举行。

一队英姿飒爽的中国人民解放军驻港部队整齐划一地走到军营前，时任中英防务交接仪式中方指挥官、首批驻港部队军务参谋谭善爱向英军中校艾利斯敬礼，对方回礼。

随后，33岁的谭善爱用铿锵有力的语气一字一句讲出了一句话，这句话在之后的互联网上被无数中国人点赞和播放无数次：

"我代表中国人民解放军驻香港部队，接管军营。你们可以下岗，我们上岗！祝你们一路平安！"

与此同时，离威尔士军营不到一千米的香港会展中心灯火通明——中英两国政府香港政权交接仪式在这里举行。

---

[1] 《蒋纬国寄往大陆的书信："同创两岸繁荣应是不会太久的事！"》，《中国评论》2021年8月号。

中英双方交接防务时的场面

23点46分,中英双方主要领导人入场;23点56分,中英双方护旗手入场,象征两国政府香港政权交接的降旗、升旗仪式开始。出席仪式的中外来宾全体起立。全场的目光都集中到竖立在主席台主礼台前东西两侧的旗杆上。

23点59分,英国国旗和香港旗在英国国歌乐曲声中缓缓降落。随着"米字旗"的徐徐降下,英国在香港一个世纪的殖民统治宣告结束。

1997年7月1日0点整,中国人民解放军军乐团奏起雄壮的中华人民共和国国歌,中华人民共和国国旗和香港特别行政区区旗一起徐徐升起。

从这一刻开始,中国政府开始对香港恢复行使主权。

0点4分,时任中华人民共和国主席江泽民在会场庄严宣

交接仪式现场

告:"根据中英关于香港问题的联合声明,两国政府如期举行了香港交接仪式,宣告中国对香港恢复行使主权。中华人民共和国香港特别行政区正式成立。……经历了百年沧桑的香港回归祖国,标志着香港同胞从此成为祖国这块土地上的真正主人,香港的发展从此进入一个崭新的时代。"[①]

江泽民说:"历史将会记住提出'一国两制'创造性构想的邓小平先生。我们正是按照'一国两制'伟大构想指明的方向,通过外交谈判成功地解决了香港问题,终于实现了香港回

---

① 《在中英两国政府举行的香港交接仪式上的讲话》,《人民日报》,1997年7月1日第二版。——编者注

归祖国。"[1]

但是,那位老人却没有等到这一天。

7

1997年2月19日,邓小平在北京逝世,享年93岁。

1982年9月24日,78岁的邓小平在人民大会堂福建厅接见了英国首相撒切尔夫人——她挟刚刚赢得马岛战争的余威而来,试图让中方接受一个现实:1997年之后,英国对香港维持管辖。

面对"铁娘子",曾有外号叫"钢铁公司"的邓小平说:"主权问题不是一个可以讨论的问题。"[2]

在离开人民大会堂时,可能是因为鞋子不合脚,撒切尔夫人在走下台阶时一脚踩空,结结实实摔了一跤。

1983年6月25日,邓小平在人民大会堂会见港区全国人大代表和政协委员。

很多当时参会的人员都清楚地记得,邓小平问大家:"'九七'后香港实行资本主义还要继续多久?15年?"

---

[1]《在中英两国政府举行的香港交接仪式上的讲话》,《人民日报》,1997年7月1日第二版。——编者注
[2]《邓小平文选(第三卷)》,人民出版社,1993年,第12页。——编者注

场内没有声音。邓小平又问:"30年?"

还是没有反应。

邓小平伸出五个手指,提高嗓门说道:"50年? 50年不变可以了吗?"

话音刚落,全场响起热烈的掌声。

又有人进一步问道:"50年是从哪一年算起?"

邓小平回答说:"当然从回归日算起,50年不变。"[1]

1990年1月,李嘉诚在人民大会堂受到了85岁的邓小平的接见,他清楚地记得邓小平对他说了这样一句话:"我自己是争取活到1997年,就是要中国收回香港后,到香港自己的土地上去走一走,看一看。"[2]

1992年,很多参与接待邓小平视察南方的政府人员都清楚地记得,1月19日,邓小平的专列上午刚到深圳,他顾不上休息,就要求安排参观。

第一站,安排的是让邓小平参观皇岗口岸。邓小平当时站在深圳河大桥桥头,久久地凝视对面的土地,良久不语。[3]

而对面,就是香港。

---

[1] 张忆耕,《矢志不渝收回香港》,《环球人物》,2012年18期。——编者注
[2] 司锦泉,《港人心中的邓小平》,《群众》,1997年04期。——编者注
[3] 《坚守"一国两制"事业初心》,《人民日报》,2021年3月29日05版。——编者注

1997年2月24日上午，邓小平的灵车从医院驶出，前往八宝山。短短两千米多的路途旁，挤满了10多万冒着严寒自发赶来的人民群众，很多人都痛哭失声，不能自已。

　　人群中，几个年轻人拉出了一面自制的标语，那幅画面不禁让人想起了1984年国庆节群众游行时，那几个北大学生打出"小平您好"横幅时的场面——只不过，这一次多了一个字：

　　"小平您走好"。

1984年的国庆游行场面

1997年的群众送行场面

8

"1997年，我深情地呼唤你，让全世界都在为你跳跃，让这昂贵的名字永驻心里。"

这首由群星演唱的《公元1997》曾在1997年的大街小巷到处可闻，很多人到现在都能哼唱曲调，甚至能背出歌词。

而"昂贵"这个词，后来被不少人理解为对时间流逝的珍惜，正如这一年上映的电影《甲方乙方》中那句之后被人不断引用的台词：

"1997年过去了，我很怀念它。"

但无论是个人还是国家，都不可能永远活在怀念里。

时间总会流逝，生活还要向前。

邓小平逝世的消息传出的第二天凌晨 4 点，央视记者在一个菜场里采访一位卖菜的妇女："你担心不担心邓小平逝世会影响现在的政策？"

她回答："我不担心，改革开放都快 20 年了，变不回去了，要变也是往好了变！"

一路向好，一路向前。

这一直是全中国人民的心愿所在，也是动力所在。

独家记忆·我的1997

五四青年：1997年，也是我来到这个世界的年份，虽然没见过邓小平同志，但我在20多年后的今天依旧热泪盈眶。

让梦想在空中飞翔：国足1997年在金州耻辱兵败，无缘世界杯，这在当年也是一件大事啊。

行者：1997年，宫崎骏先生的《幽灵公主》上映，自《天空之城》《魔女宅急便》《龙猫》之后，老爷子开始对一些社会问题进行更为深入的思考，也因此有了之后的《千与千寻》和《哈尔的移动城堡》。《幽灵公主》是我个人最喜欢的一部，虽然最后是HE（happy ending，美好结局），但是全片对环境问题沉重压抑的刻画让人每看一次都觉得惊心。如今老爷子也正式收山封笔了，作为一个不看日漫的00后，我把老爷子每部作品起码五刷过，每次看都会怀念那份离我渐行渐远的天真与童趣。

袁海波：1997年中考后，在老家通宵收看香港回归实况，也在期盼着自己未知的录取通知书。

大小王：1997年，我参军，除了我的生日，就对"九七"这个数记忆深刻了。

Ein：曾经觉得互联网是利于大众的美好新生物，可以打开新的一扇门。现在却觉得，虽然互联网的运用极大地发展了生产力，但是在社会全面网络化的大背景下，每个人都沦为了这张网中固定的分子。网络的发展非但没有击破原有的壁垒，反而形成了新的桎梏。

炅囧：我们终是没能赢了岁月，时光的痕迹那样明显，刻入的是人们深深的慨叹。可能未来在某个时候，过去的那个年代已经模糊。只是忽然在某个午夜梦回时，泪湿润双颊，才猛然惊觉。但无悔，我们走过，总算留了痕迹。哪怕是1997年的邮车，也会留下颠簸的痕迹。

金比加兰：想起1997年的很多回忆，那时候家里很多人都在，真的很热闹。美好的年代……

hxf：真的看得心跳都加快了，1997年的时候我才2岁，对这个世界还毫无印象，但是现在回头去看，时代进步的车轮一步一步向前，激昂……

请回答 1998

"莫说青山多障碍，风也急风也劲，白云过山峰也可传情。"山高千仞人为峰，守得云开见月明。

1

并不是每一届春晚都能像 1998 年那届一样，留下一首脍炙人口的标志性歌曲——《相约一九九八》。

时任中央电视台台长杨伟光曾回忆，这首被春晚导演孟欣视为"压轴法宝"的歌曲差一点被"拿下"，原因是王菲有一次参加央视节目不愿意改歌词，"得罪了人"。

但杨伟光认为这个节目很好，并表示"我们一定要有胸怀"。最终，这首歌曲出现在了1998年的春晚上。

那英和王菲一左一右从两侧出现在台上，就已经预示着她们将献上一首与公众以往认知中那种"喜气洋洋的主旋律歌曲"完全不同的作品，这首歌曲呈现出了一种高冷又散发着热情，沉稳又折射出灵动的感觉：

来吧，来吧，相约九八，
来吧，来吧，相约九八，
相约在银色的月光下，
相约在温暖的情意中。
……

但那时候在电视机前沉醉于这首歌曲的中国观众可能未必会想到：即将来临的1998年，伴随着温暖情意憧憬的，还有残酷严峻的挑战。

2

1998年3月19日，在九届全国人大一次会议记者招待会上，刚刚当选为中华人民共和国国务院总理的朱镕基说出了下面这段话：

"不管前面是地雷阵还是万丈深渊，我都将一往无前，义无反顾，鞠躬尽瘁，死而后已。"①

对于当时收看直播的不少中国普通老百姓来说，新总理的这句话似乎有些毫无来由——在刚刚过去的1997年，中国的GDP增长率虽然比前几年有所下降，但依旧高达惊人的9.3%，哪里来的"地雷阵"？又哪里来的"万丈深渊"？

但熟悉经济内情的人都知道，1998年对于中国而言，绝不是轻松的一年。

在经历了前几年的高通货膨胀率之后，1997年的中国通货膨胀率降至2.8%，相对健康，但在1998年却加速下降——再往下降，就有进入通货紧缩的趋势。（事实证明，1998年通货膨胀率跌破0，达到了-0.8%。）

消费市场萎靡不振的同时，全国几乎一半国企的产能也大大供过于求。产能过剩导致的结果就是库存大大增加。以工业和建筑业为例，当年国有及国有控股企业亏损1023亿元，比上年多亏21.9%；年末产成品库存达6094亿元，比上年末增加320亿元，增长5.5%。工业企业经济效益综合指数91.0，比上年下降4.2。而国企的亏损牵连到了银行，1998年9月，四大国有银行不良贷款率达到了31.38%，几乎占到了三分之一。

---

① 《朱镕基总理等答中外记者问》，《人民日报》，1998年3月20日第三版。——编者注

面对即将爆发的严重经济问题，中国政府义无反顾地开始了深度改革。

首先是从中央到地方的精简机构改革。1998年，国务院原有的40个组成部门精简到了29个。之后经过4年多的时间，各省级政府机构从平均55个精简到了40个，人员编制精简47%，市、县、乡等各级政府机构改革也相应完成，全国各级党政群机关共精简行政编制115万人。这一系列举措大大减轻了各级政府的财政负担。

在这个基础上，中国政府痛下决心，对于一些严重亏损的国企和集体企业，开始停止"输血"，并对它们进行关停乃至淘汰——随之而来的，是一场震动全国的"下岗潮"。

1998年前，中国国企拥有职工近1.1亿人。而到了1998年底，在城镇在岗职工中，国有单位职工为8809.3万人，比上年减少1027.3万人，集体单位职工为1899.6万人，比上年减少470.4万人。

千万下岗工人的背后，是千万个家庭——那是一场涉及上亿人的震荡。

其间，政府做了大量的安抚和引导再就业工作，

"下岗再就业"成为那个年代的流行词

但更重要的是，绝大多数的下岗职工和他们的家庭默默地承受了巨大的失落乃至痛苦。他们中很多人都在沮丧甚至绝望之后，展现了顽强的韧性和意志，通过各种方式走上了新的工作岗位，适应了新的企业机制，扮演了新的职业角色，开启了新的人生道路。

"心若在梦就在，天地之间还有真爱。

"看成败人生豪迈，只不过是从头再来！"

5年之后，当刘欢唱起这首名叫《从头再来》的歌曲时，经历过当年下岗大潮的很多人心中感情复杂。

后来有人说过这样一句话：

"1998年的国企改革就像做了一次大手术，如果没有手术，病人也很难健康地活到现在。"

如果说经济改革是一场"手术"的话，那么光"动刀"并不够，还需要一系列的辅助手段和营养保障。

在这场"手术"中，中国的民营企业同样扮演了重要的角色：它们不仅吸纳了大量国有企业的职工，更开始了新一轮的发芽和成长。尤其是在微软公司发布著名的 Windows 98 操作系统的这一年，中国的民营企业其实在进一步加快走向 IT 和互联网产业的步伐。

1998年6月，一个叫刘强东的24岁小伙子怀揣着1.2万元的积蓄，在北京中关村租了一个柜台，专门用来卖刻录机和光碟，柜台名字叫"京东多媒体"；1998年11月11日，一个叫马化腾的27岁小伙子，和同学张志东合伙，成立了一家软件公司，准备售卖他们开发的一款叫OICQ的即时通信软件，这家公司取名为"腾讯计算机系统有限公司"。

但有些事情，光靠"做手术"还是不够的。

1998年，除了国内的经济改革，中国政府更要直面来自国际上的经济危机和挑战。

那是一场无比惨烈的金融风暴。

图为1998年7月22日《人民日报》刊发的报道。1998年7月3日，国务院颁发了《关于进一步深化城镇住房制度改革加快住房建设的通知》，正式开启了以"取消福利分房，实现居民住宅货币化、私有化"为核心的住房制度改革——一场影响中国未来几十年的住房制度改革由此开始

3

1998年8月5日，香港金融管理局严阵以待。

就在这一天，他们接到通报：国际炒家集团开始大规模抛售港元，金额超过了200亿。

作为回应，金管局将这抛售的200多亿港元照单全收——这一天，美元与港元的汇率稳定在1比7.75，纹丝不动。

而这场"抛收之战"，也发出了一个明显的信号：

在发动1997年席卷全亚洲的金融危机之后，以索罗斯为首的国际炒家集团，开始对香港发动"总攻"了。

被后人形容为惨烈的"1998年香港金融保卫战"，就此拉开战幕。

战役初始，人心惶惶，上海、广州等地的人民币黑市交易汇率一度跌到1美元能兑换9.5元人民币的水平。此外，关于香港联系汇率将脱钩的说法也开始流传开来，有一家海外基金甚至开出了联系汇率脱钩的期权，将具体日期定在1998年8月12日。

在诸多传言的包围下，再加上香港经济本身就有下调势头，恒生指数开始一路狂跌，到8月13日，恒生指数已经跌破6600点。坊间流言四起，称香港经济将就此崩盘。

关键时刻，全世界的眼光都投向了中国政府——国务院总理朱镕基之前曾对媒体公开表态："万一特区需要中央帮助，只要特区政府向中央提出要求，中央将不惜一切代价维护香港的繁荣稳定，保护它的联系汇率制度。"[①]

[①] 《朱镕基总理等答中外记者问》，《人民日报》，1998年3月20日第三版。——编者注

民间一直有个传说：索罗斯当时通过电视看到朱镕基的讲话，手里的水杯掉在了地上。这个说法当然真实性不可考，但当时朱镕基的这番话确实引起了很大反响，因为这是中央政府公开表态要支持香港。

1998年8月14日，背靠北京的香港特区政府正式向索罗斯"宣战"。时任香港特别行政区财政司司长曾荫权召开新闻发布会——他站在中间，左手边是金管局总裁任志刚，右手边是财经事务局局长许仕仁。

曾荫权正式向媒体宣布："香港特区政府将同时进入股市和期市！"

当天，恒生指数大涨564点，终盘收复7000点大关，报收7224点，升幅8%，创下6年来单日升幅之最。

在8月17日到8月27日的9个交易日里，香港特区政府和以索罗斯为首的国际炒家集团进行了令人眼花缭乱又悲壮惨烈的攻防大战。

香港特区政府依托以中银国际证券为首的几大券商，再加上后来加入的多家中型券商，全面托盘恒生指数的蓝筹股。这些券商被香港媒体称为"御猫"，而由于它们面对的是国际金融巨鳄，所以这场战争又被称为"猫鳄大战"。

面对国际炒家集团的疯狂抛盘，由政府输血的"御猫"集团每天都照单全收，整个香港股票交易所内呈现出前所未有的奇景：

卖方集团的单子铺天盖地地飞过来，有时候几分钟就能抛出数千万股；而买方集团的代码在交易屏上也是层层叠叠，仿佛筑起一堵铜墙铁壁，死死守住价位——恒生指数始终在7500点上下浮动。

1998年8月28日，一场足以载入史册的金融大决战拉开帷幕。

当天早上，香港天文台发出了雷暴警告。而香港坊间都在传一个消息：

中国人民银行的两位副行长已从内地来到香港坐镇，要求在香港的全部中资机构全力以赴，支持香港特区政府的"护盘行动"。

上午10点，香港证券交易所交易厅开市的钟声响起——这已等同于冲锋号。

很多交易员恐怕一辈子都不会再看到这样的奇景：

在"香港电讯"的买家位置上，"御猫"集团的经纪瞬间就将999个买家的位置全部挂满。

与此同时，国际炒家集团控制的外资经纪开始疯狂抛盘，尤其针对香港电讯、汇丰控股等政府力保的蓝筹股，数千万股在几分钟之内就被抛出。

开市仅仅5分钟，香港股市的成交金额就超过了39亿港

"金融风暴"中的香港证券交易所交易大厅

元——在8月14日政府介入之前，全天的成交额也不过如此。

半小时后，成交金额突破100亿港元大关。

到上午收市时，成交金额已经突破400亿港元。

那一天，所有关心香港股市、关心香港命运的市民，都守在电视机或各种屏幕前，看着股市指数的每一次波动。在那一刻，个人的财富得失自然是大家关注的焦点，但整个香港经济的存亡更是牵动了每一个人的心。

恒生指数围绕7800点，时而上窜几个点，时而下跌几个点——在这背后，每分钟都是数千万乃至上亿港元的投入和搏杀。

时任中银国际证券总经理冯志坚后来回忆，那一天，只是为了防止汇丰控股的股价下跌5毛钱，他们就动用了300亿港元，因为只要汇丰控股的股价下跌5毛，恒生指数就要下跌几十点。

彼时彼刻，香港交易所里每一个"守方"的交易员，都能感受到攻击方的抛盘像洪水一般不断袭来，而他们就像堤坝上的沙袋，抵御着一波又一波的冲击。

最终，他们守住了。

当收盘时刻到来时，恒生指数停留在了7829点，期货指数停留在了7851点。

这一天的股市成交金额达到了790亿港元——平均每分钟的交易金额超过3亿港元。

这是香港股市有史以来从未有过的纪录。

收盘后一个小时，香港天文台宣布雷暴警告解除。

同时，以索罗斯为首的国际炒家集团撤退了。

彼时彼刻，很多人回想起了国家主席江泽民在香港回归一周年庆祝大会上发表的讲话：

"香港的命运从来就是同祖国的命运紧密相联的。"[1]

---

[1] 《在香港回归祖国一周年庆祝大会上的讲话》，《人民日报》，1998年7月2日第一版。——编者注

事实上,当香港在抵御金融领域的风暴时,祖国内地的广袤土地正在经受另一场惊涛骇浪。

5

1998年7月初,中国爆发全流域特大洪水的迹象已经越来越明显:

除了长江中下游流域普降暴雨,南方的西江(珠江的干流)、闽江,北方的松花江、嫩江,全都因连日暴雨而普遍水位暴涨,不少地方的水文监测站测得的水位数据,已经直逼1954年特大洪水的警戒线。

7月23日,长江第二次洪峰把本就因暴雨内涝的"九省通衢"武汉淹成了一座水城——全城五分之三的地方都浸泡在了水里。

时任国家主席江泽民在7月21日给已经亲临一线的国务院副总理温家宝打了一个电话,当时温家宝还有另一个身份:国家防汛抗旱总指挥部总指挥。

江泽民要求沿长江各省市特别是武汉市要作好迎战洪峰的准备,他在电话中说出了后来被很多人熟悉的四个字:

"严防死守!"[1]

---

[1] 《江泽民总书记要求沿长江各省市作好迎战洪峰准备确保大堤安全》,《人民日报》,1998年7月22日第一版。——编者注

此时，从宜昌到南京，浩浩荡荡的长江流经之处，各关键点水位已全部超过当地警戒线：

7月22日，湖南常德石门县被淹，23日，澧县附近决堤，之后，安乡乃至常德市全线告急；与此同时，洞庭湖、鄱阳湖水位暴涨，多处发生溃堤，周边十几万亩良田被淹；在东北地区，嫩江的多个支流也出现水位暴涨，甚至连大庆油田都已受到洪水的威胁。

1998年8月7日13点50分，江西省九江市内被江水浸泡了近两个月的堤坝，最终还是决堤了。

汹涌的洪水瞬间就将九江大堤冲开了一道5米多长的缺口（后又被不断冲开），奔腾的长江之水，从这个缺口喷涌而出，直扑九江市。

洪水中的大庆油田

九江城里随即响起了尖锐刺耳的警报声，成千上万的普通市民慌张地向城东的高地跑去。而在人群中，一群群的"迷彩服"逆着人流，奔向决口的大堤。

关键时刻，解放军某部三个团的团长，带头跳进了洪水中。随后，一批批的战士也跟着跳入。

沙土泥石不够，人先上。

以班为单位，一个班接一个班的战士，手挽手跳进了洪水，用人肉筑起堤坝抵御一波又一波洪水的冲击，为身后筑坝的战友争取哪怕一点点的时间。

8月10日，九江大堤的决口被堵住了。

不到200米的大堤缺口处，被填进了10艘轮船、数千吨钢铁和粮食、数十万立方米沙土、10万多只编织袋，还有从山东、河南运来的120车皮的石头。

协力抗洪的军民

而这一切，是4万军民几昼夜不眠不休的奋战换来的。

8月9日，国务院总理朱镕基赶赴九江。登上大堤后，他指着溃口，对当初堤坝工程的负责人吼出了后来很多人都熟悉的话：

"不是说固若金汤吗？……人命关天，百年大计，千秋大业，竟然搞出这样的豆腐渣工程，王八蛋工程！……历史是不容欺骗的！"[1]

而与此同时，他又对奋斗在堤坝上的所有军民高举双手作揖，尤其是看到一批批跳到洪水里的解放军战士，他眼眶红了。

1998年8月7日晚上9点，江泽民在北京主持召开了中共中央政治局常委扩大会议。会议之后，广州军区、南京军区、济南军区、陆军、空军、海军、二炮部队、武警部队，全国各地10多万解放军官兵从四面八方支援灾区——其中，还包括110多名将军、5000多名师团级干部，全部奔赴一线。

在那几天，从地面到空中，全国各个交通干线上奔驰的，全是支援灾区的军列和军卡。仅8月8日到10日，总后勤部就拨出41趟军列，空军出动50多架次的运输机。

这是新中国成立以来，中国人民解放军在长江沿线调动和集中兵力最多的一次——上次如此大规模的集结，还要追溯到1949年的渡江战役。

在湖北，在湖南，在东北，在珠三角，一批又一批的"迷

---

[1] 陈启文，《命脉——中国水利调查》，安徽文艺出版社，2019年。

解放军战士奔赴灾区

彩服"不分昼夜，在堤坝上，在洪水里，有时甚至吃饭就站在水里，睡觉就躺在堤坝上。哪里出现决口，群众往后退，军人往上冲，有老百姓拉着子弟兵的袖口说太危险了，回答往往只有一句话：

"老乡，你们快撤，我们是军人。"

有一次，湖北某段出现决口，那些才十八九岁的子弟兵，一个个都奋不顾身地往洪水里跳，拉成人墙减缓洪水冲击，争取堵口时间，有的人一个没抓稳，就被洪水冲走了。旁边有的群众哭着跪下了：

"娃啊！我们房子不要了，别再往下跳了！"

很多百姓可能并不知道，这些军人在出发上堤前，都主动立

下了军令状,归纳起来,就四个字:

人在堤在!

众志成城的,又何止人民子弟兵。

1998年,在洪涝灾区以外的中国老百姓,全都努力以自己力所能及的方式,贡献自己的一份力量。

从北京到上海,从浙江到广东,很多老百姓虽然不在灾区,却感同身受,各种物资和钱款源源不断被寄到抗洪前线。截至8月19日,短短一个多月里,全国各地民政部门直接接收捐款4.88亿元,中华慈善总会收到捐赠款物累计3.5亿元,中国红十字总会及各级地方红十字会募集款物达2.4亿元。

在洪水中的解放军战士

此外,在整个过程中,还有一批总额高达6.8亿元的捐款先后送到——这是1998年特大洪水灾害中,最高的捐款数额。

那是来自香港特区的政府和民众的捐款。

1998年9月初,长江中下游干流水位开始全线回落——历时三个多月的1998年特大洪水,终于过去了。

9月15日，奔赴九江抗洪的解放军部队开始撤离。战士们清扫好街道，在清晨静悄悄地列队登上卡车，前往火车站。

成千上万的九江市群众自发涌上街头，为子弟兵们送行。

从营地到火车站其实只有十几分钟车程，但那一天，车队却整整开了三个多小时——老百姓舍不得这群子弟兵走。

被人群包围的卡车上的子弟兵们也都流泪了，不知道谁起了个头，一卡车一卡车的解放军战士开始唱起了《咱当兵的人》。

1998年之后相当长的一段时间里，九江市的很多出租车司机，只要搭载穿军装的人，都不收费。

在送行的人群中，还有九江段抗洪总指挥、当初紧急驰援的董万瑞中将。

望着即将启动的列车，望着在车窗里向送行百姓流泪挥手的子弟兵，这位老将军一言不发，双目含泪，默默挥手。

面对来采访的媒体记者，董万瑞说：

"你要我讲官兵中有多少英雄，我说不清。但我可以告诉你，他们中每一个人都是英雄……"

在1998年的这个夏天，英雄当然是解放军的子弟兵们，英雄当然也不只有解放军的子弟兵们。

惊涛拍岸，江山如画，一时多少英雄。

为解放军送行的人群

6

有人负重前行,有人才能享受岁月静好。

1998年的那个夏天,对全国高三考生中的球迷而言,非常难熬。这并非因为他们将是中国大学扩招前的最后一届高考生,而是当他们结束影响人生命运的高考之后,法国世界杯已经进入半决赛了。

但他们毕竟还是赶上了那年法兰西之夏的决赛。那是一场至今仍让人觉得有些诡异的决赛:状态如日中天的光头罗纳尔多忽然发挥失常,英雄光环忽然聚集到了对手阵营中一个叫齐达内的人身上——凭借齐达内的梅开二度，赛前并不被看好的东道主法国队以 3 比 0 横扫巴西队，首次捧得世界杯奖杯。

1998 年世界杯决赛，齐达内攻入头球的那一刻

那一年的夏天，大街小巷都充斥着瑞奇·马丁的世界杯主题曲《生命之杯》，但因为语言的关系，绝大多数人只会吼上一句：

"Go, go, go, ale, ale, ale！"

真正能让中国人哼唱并流行起来的，还是华语歌曲。

1998 年的华语乐坛，"台湾"是一个无法绕过的标签。

在这一年，之前已经凭借《心太软》红遍华语地区的任贤齐，推出了专辑《爱像太平洋》，光在台湾就劲销 103 万张。专辑中除了《对面的女孩看过来》《伤心太平洋》这些霸榜歌曲，像《我是一条鱼》《任逍遥》《爱我爱我》这些歌曲也被很多人传唱。

"我是女生，漂亮的女生。"20岁的徐怀钰在这一年凭借这首歌横空出世，迅速俘获很多女生的心——甚至不少男生也会不由自主地哼唱起来。周华健在这一年推出了专辑《有故事的人》，不过比同名单曲更出名的，是那首和其他人一起抱怨的《最近比较烦》。而张宇则会把烦恼"甩锅"，归咎于月亮——他在这一年推出的《月亮惹的祸》让很多年轻人的父母在听到子女哼唱后都很纳闷：月亮到底惹谁了？

而相对于那些站到台前的人，1998年的台湾乐坛其实正处在幕后"破茧"的前夜：

19岁的周杰伦给刘德华写了一首歌叫《眼泪知道》，但不幸被退；19岁的萧亚轩在留学加拿大时参加华人新秀歌唱大赛温哥华选拔赛后被维京音乐负责人赏识并挖掘；18岁的景美中学女生蔡依林获得了MTV音乐台的"新生卡位战"大赛总冠军；16岁的张韶涵因为爸爸做生意失败，已经开始东奔西走唱歌赚钱补贴家用。

相比之下，1998年香港乐坛的光芒就黯淡了一些，在第21届十大中文金曲榜中，只有苏永康的《越吻越伤心》和陈奕迅的《天下无双》等少数歌曲给人留下深刻印象。

关键时刻能镇住场子的，还是王菲。1998年，王菲的

《红豆》成为一代经典歌曲,她吟唱"有时候,有时候,我会相信一切有尽头"这样的歌词感叹时光的流逝。而李玟也用她在这一年发行的一首新歌提醒大家时光的宝贵:"倒数开始,di da di,di da di da di da di da di da di……"

和乐坛一样,1998年的香港影坛也疲态尽显。《九星报喜》只用1000万港元的票房就挤进了当年香港电影十大票房排行榜,而刘德华以白发形象出现的《赌侠1999》排在第五位,票房也只有1440万港元。成龙大哥把队伍拉到了非洲,拍出了一部《我是谁》,以3880万港元的票房排到第二。第一位是尝试数码特效的《风云:雄霸天下》,票房是4150万港元。香港电影年度票房冠军就此终于结束了"双周一成"时代。

比较之下,1998年的世界影坛除了《拯救大兵瑞恩》,现象级的巨作也不多,但颇出了一些经典的电影:《楚门的世界》《海上钢琴师》《罗拉快跑》……这些电影在多年后依旧被很多人津津乐道。

不过,1997年的巨作《泰坦尼克号》于1998年4月3日在中国内地上映,还是掀起了一阵狂潮,并赚足了眼泪。无论是否会英语,很多人都能哼唱席琳·迪翁的《我心永恒》("My Heart Will Go On"),而那句"You jump, I jump"(你跳我也跳)也成了不少年轻情侣之间"生死与共"的暗号。

当然,很多人不能忘记的是,1998年还有一部日本电影让自己家中的电视机和电话莫名其妙笼罩上了一层恐怖面纱,这部让不少中国观众第一次见识"日式恐怖"的电影,叫《午夜凶铃》。

在电视剧市场,1998年出现了一部现象级作品。24集的《还珠格格》第一部一经播出就立刻红遍大江南北,在娱乐化手段已经相当丰富的1998年,这部电视剧居然拿下了平均收视率47%、最高收视率62.8%的惊人成绩。

"让我们红尘做伴,活得潇潇洒洒,策马奔腾,共享人世繁华。"

《还珠格格》主题曲《当》中的这句歌词,唱出了很多人对生活的向往,但更多人心里也清楚,现实其实更像王菲的《红豆》里那句歌词:

"相聚离开都有时候,没有什么会永垂不朽。"

7

1998年9月6日,88岁的黑泽明因为中风,在东京去世。

作为曾经获得奥斯卡金像奖终身成就奖的日本导演,黑泽明对全世界多少导演和相关从业人士产生过影响,无法得知。日本媒体曾这样评价:

"在黑泽明之前,西方世界想到日本的时候,是富士山、艺伎和樱花；从他开始，西方世界想到日本的时候，是黑泽明、索尼和本田。"

徐克曾这样评价黑泽明电影中的人物：

"（他们）大部分是悲观生命里的积极者，他们的价值观从来不会被现实的社会污染，当中的人物不时为更崇高的理想做出牺牲，令人伤感，但始终维护着人类的希望。"

当然，这和黑泽明本人的性格是脱不开关系的，他自己就曾说过一句话：

"永不放弃，即使中途变得困难。"

而这句话，适用于所有要在自己领域做出一番成就的人。

1998年12月10日，91岁的王淦昌逝世。王淦昌是中国科学院院士，是"两弹一星功勋奖章"获得者，是中国核科学的奠基人和开拓者之一，但知道他名字的人其实并不多。

相比之下，大家可能更熟悉邓稼先、于敏、程开甲、周光召这些人的名字，但这些人其实都有一个共同点：他们都接受过王淦昌的直接指导。

有些人并不看重名声，但他们做出的一些研究成果，会被后人冠以他的名字，以示尊敬和纪念。

1998年4月30日，97岁的胡焕庸与世长辞。他的名字可能未必如李四光或竺可桢那样为大家所熟知，但但凡有些地理知识的人都知道一条线——胡焕庸线。

王淦昌先生

1935年，胡焕庸发表了《中国人口之分布》，编制了中国第一张等值线人口密度图，以瑷珲—腾冲线（现称黑河—腾冲线）分全国为东南和西北两半壁。这条后来一直被国内外人口学者和地理学者所承认和引用的线，就被称为"胡焕庸线"。

这条线是中国人口发展水平和经济社会格局的分界线，对中国经济布局、民政建设、交通发展有很大的参考价值。

客观事物可以划线，但主观感受却不能。

1998年12月19日，把婚姻比作一座无形"围城"的钱锺书走了，享年88岁。

但事实上，钱锺书和爱人杨绛的婚姻生活一直被后人视为典范和楷模。在一次与无理邻居的冲突中，一向手无缚鸡之力的钱锺书甚至惊人地抄起厚木板，砸向了欺负杨绛的一个男人。

互联网上流传，钱锺书临终前流泪拉着杨绛的手，用虚弱的声音交代了最后一句话：

"好好活，辛苦你了。"

这句话的出处无法考证，但钱锺书与杨绛的感情，还是触动了很多人。

钱锺书和杨绛

时至今日，互联网上依旧能找到钱锺书的经典语录，其中很多话都让人深深感到，他是一个"知世故而不世故"的人。

"世界上大事情像可以随便应付，偏是小事倒丝毫假借不了。"这句话也是钱锺书说的，但很多人未必能参透。

8

1998年6月25日，美国总统克林顿正式访华。

在首站西安，克林顿亲昵地搂着妻子希拉里和女儿切尔西，在兵马俑边上微笑着留影。

但此时他其实正深陷一场危机：

他与白宫实习生莱温斯基之间的事似乎正愈演愈烈，尽管他坚决否认和她发生过任何关系，但共和党人和美国的新闻媒体一直在穷追猛打。

但访华对克林顿本人乃至美国而言，都是一件至关重要的事，所以克林顿也必须暂时抽离出来——面向21世纪的中美关系，不仅仅关系到两个国家的未来发展，也关系到整个世界格局的走向。

6月29日，克林顿到访北大。面对刚刚庆祝过百年校庆的北大学子，克林顿在演讲中说道：

> 在几千年的历史长河中，中国为人类文化、宗教、哲学、艺术和科技做出了贡献，美国人民深深钦佩你们。
> ……
> 现在我们看到，中国处于历史性时刻：
> 能和你们光辉灿烂的过去相提并论的，只有贵国目前

气势磅礴的改革和更加美好的未来。①

那一次的演讲,北大的学生向克林顿提出了不少尖锐和直接的问题,但他讲的这段话还是得到了大家的认可。

改革和未来,磅礴的改革和美好的未来,或许可以成为1998年的中国的一个注脚。

正如那年32岁的周海媚,在春晚献唱的那首《万水千山总是情》里的歌词一样:

莫说青山多障碍,
风也急风也劲,
白云过山峰也可传情。

中国奔向21世纪的道路,不可能是一片坦途。
山高千仞人为峰,守得云开见月明。

---

① 《克林顿1998年北大演讲全文》,凤凰网,2009年11月8日。

独家记忆·我的1998

瑶瑶：作为长江中下游的居民，我曾经目睹了1998年那场洪灾。记得那时候电视里经常会播放出一排排牺牲的战士的名字，都是十八九岁。那时候，爸爸妈妈和亲戚也被抽到抗洪前线去了，我每天就在家和堂妹一起默默祈祷：平安，平安。时至今日，看到那些抗洪照片，还是会莫名感动。也是在那一年，妈妈成了文中千万下岗工人中的一员，她整夜整夜睡不着觉，我还记得夜里门外的微光透进屋子，她蜷缩在床头坐着，看过去就像一幅剪影画。不过好在一切都已过去，第二年妈妈就靠双手开始了新生活，一切沮丧就像1998年的洪峰，终将过去。

桃青熊：1998年抗洪我上初中，啥也不懂，只觉得下了很多天的雨，放晴后天好蓝啊。我家就在嫩江边上，当时有各种传言说要放弃我们的城市，很多大人都吓得不行。再后来就是各个单位都出人上坝，我猜那时候应该已经是洪灾的后期了，不然也不会让普通人上。虽然是亲身经历，但我的感受远不如长大后深刻，因为自己找资料看得更详细。我还记得有个5岁的小女孩，一家人都被冲走了，她被救的时候说，她奶奶告诉她，等帽子上有五角星的人来救她。我记不清是不是这次抗洪了，小女孩前几年好像也入伍了。

ihaha：1998年，大庆是灾区，高二的我们收到了别人捐赠的一套考卷，真是让人记忆犹新。

Verstash：我父母算是错峰下岗。90年代初即已下岗，到1998年时，倒是已经过了阵痛期，重新获得了稳定的工作岗位。

尼克: 1998年我才大二，在上海一个月生活费400元，我捐了200元。我记得我用剩下来的钱买了一箱泡面，以防支撑不到月底。

小范9461: 1998年暑假我第一次去北京，晚上住的宾馆居然要停一会儿水，7点以后才供水，我和同学洗澡前就一起看世界杯的回放。回家的时候在火车上听新闻播报长江洪峰抵达了哪里，这时候喧闹的火车车厢瞬间肃静，一点声音都没有，我至今记得那一刻的凝重。

dan dan: 那一年，我的大伯父为了弥补叔叔没有读大学的遗憾，把堂妹接到上海徐家汇交大对面的南模中学初中部借读，堂妹说克林顿在淮海路漫步时他们在教室上课呢。

天天向上: 1998年我大学毕业，在南昌就业，用第一个月的工资捐了500元给抗洪抢险，记忆深刻。

请回答 1999

世纪交替际,雄关漫道。

展望新千年,从头再越。

1

很多中国观众可能未必会意识到,1999 年 2 月 15 日的农历兔年春节联欢晚会,有两个小品有着不同寻常的意义。

以电影《阿 Q 正传》中的"阿 Q"形象名动大江南北的上海滑稽戏表演艺术家严顺开,在这届春晚上演了小品《爱父如爱子》。尽管 62 岁的严顺开表演得尽心尽力,分寸尺度也拿捏得很好,但必须承认,对于这个小品,如今许多观众已经很难再有印象——北方语系的笑星在春晚语言类节目中占据压倒性优势的局面，已无法逆转。

以《如此包装》和《打工奇遇》两个春晚小品轰动全国的赵丽蓉第 8 次登上春晚舞台，和老搭档巩汉林一起演了小品《老将出马》。这个作品虽然很难重现之前经典小品的辉煌，但依旧是大家熟悉的味道。一年半之后，这位曾给一代人留下诸如"麻辣鸡丝""宫廷玉液酒"这些"年龄暗号"的小品表演艺术家，因肺癌逝世。

这一届春晚最受欢迎的小品，是由赵本山、宋丹丹和崔永元共同表演的一个访谈式小品《昨天，今天，明天》。

属鸡的"白云"和属虎的"黑土"，几乎每一句台词都让全国的观众捧腹大笑，而其中有一句看似戏谑的台词，也真的激起了无数中国人心中的共鸣：

"改革春风吹满地，中国人民真争气！"

1999 年，站在世纪之交门槛上的中国，也确实需要立足今天，回顾昨天，展望明天。

2

1999 年的中国，有底气说出"争气"这句话。

虽然在 1998 年遭遇了特大洪水，但中国的 GDP 总量首次突破 1 万亿美元，而 1999 年更是稳稳守住了"1 万亿美元"这个大关，继续向上突破，GDP 总量达到了 1.09 万亿美元，在 1998 年的基础上又增长了 7.7%。①

经济的持续向好，带来了社会劳动就业岗位的增加。这一年，全国的从业人员比上一年增加了 629 万人，其中城镇从业人员增加了 336 万，总从业人员数量达到了 7.06 亿人。

值得一提的是，在总体的从业人口中，私营个体从业人员比 1998 年增加了 708 万人——越来越多的人选择离开体制，去闯出一片新的天地。

这一年，35 岁的马云带领着他的所谓"十八罗汉"，凑足了 50 万元人民币，选择在杭州开始自己的"电商"创业——4 月 15 日，一个叫"阿里巴巴"的电商网站域名 alibaba.com 正式注册。

这一年，28 岁的马化腾为他刚成立才三个月的腾讯公司推出了一款即时通信工具。由于这款工具和国际上一个叫 ICQ 的聊天工具非常相似，所以取名为 OICQ——第二年改名为 QQ。

这一年，25 岁的刘强东在刚成立一年的京东公司总结大

---

① 以上数据根据国家统计局数字计算得出。1998 年全国 GDP 为 85 195.5 亿元，美元兑人民币汇率为 8.2791；1999 年全国 GDP 为 90 564.4 亿元，美元兑人民币汇率为 8.2783。

会上发言。他表示对公司600多万元的整体营业额很满意，但也承认"和同行相比，可以说很小很小"。他强调，作为小公司，就要踏踏实实，并把第二年的营业额目标定在了1200万元。之后他作为一把手，亲自宣布了公司的一项重要人事招聘决定——要再招聘一名库管和一名销售人员。

1999年的中国，各种新兴行业和新兴岗位如雨后春笋一般开始冒头，但另一个数字也不能忽视：相对于1998年，1999年的国有企业下岗职工人数又增加了60万人。

一头是人才缺口在不断扩大，而另一头，急需转型的从业人员又依旧过剩，如何来破这个局？

1999年6月16日，全国各地正在咬牙埋头进行最后冲刺的高三学子，忽然听到了一个从天而降的"特大利好"：

国家计划发展委员会和教育部联合发出紧急通知，决定我国高等教育在年初扩招23万人的基础上，再扩大招生33.7万人——中国普通高等院校招生总人数达到了153万，招生增幅达到42%。

1998年全国高考的录取情况是，报考人数为320万，实际录取人数为108.36万，录取率为33.86%；而1999年报考人数为288万，在报考人数减少32万人的基础上，实际录取人数却增加了51万，达到了159.68万，录取率大幅度提高到了55.44%。

表1 1998—2019年高考录取率统计

年份	报名人数	实际录取人数	实际录取率
2019	1031万	914.90万	88.74%
2018	975万	790.99万	81.13%
2017	940万	761.49万	81.01%
2016	940万	748.61万	79.64%
2015	942万	737.85万	78.33%
2014	939万	721.40万	76.83%
2013	912万	699.83万	76.74%
2012	915万	688.83万	75.28%
2011	933万	681.50万	73.04%
2010	946万	661.76万	69.95%
2009	1020万	639.49万	62.70%
2008	1050万	607.66万	57.87%
2007	1010万	565.92万	56.03%
2006	950万	546.05万	57.48%
2005	877万	504.46万	57.52%
2004	729万	447.34万	61.36%
2003	613万	382.17万	62.34%
2002	510万	320.50万	62.84%
2001	454万	268.28万	59.09%
2000	375万	220.61万	58.83%
1999	288万	159.68万	55.44%
1998	320万	108.36万	33.86%

数据来源：教育部历年统计公报。

如果说新的高校扩招政策试图从宏观上改变中国学子"千军万马过独木桥"的高考现状，那么一些微观上的操作，也在努力尝试一些有别于高考"应试发挥"的改革。

1999年，一届前所未有的全国作文大赛复赛落下帷幕，一个来自上海市松江二中的17岁中学生，以一篇题为《杯中窥人》(原题目是《杯里窥人》)的现场作文夺得一等奖。这个叫韩寒的中学生当时并不知道，他的文字、他之后的经历、他的一些观点，乃至他后来拍的一些电影，都会在中国引起一波又一波的讨论热潮。

而让韩寒一举成名的这场作文比赛，叫"新概念作文大赛"，是由《萌芽》杂志社联合包括北大、复旦在内的7所国内重点高校发起主办的，聘请国内一流的作家和人文学者担任评委。

从这个作文大赛中，走出了不少日后在中国文化界备受瞩目的人物，尽管其中有些人也难免有所争议，但"新概念作文大赛"所试图达到的目的，却是当时很多人都认同的：

让创造力、想象力、真情实感和审美情趣，重新回到青年乃至少年的作文中去。

3

文化当然需要不断地创新，但也不能忘记继承。

1999年，耗时6年、总投资3000万元的52集大型动画片《西游记》在央视一套播出。在那个国漫尚处懵懂时期、日本动漫风靡中国的年代,这部取材于中国古典名著的大型动画片一播出就引发多方关注。

尽管相对于成熟的日本动漫画风,这部动画片有些地方还略显稚嫩,但宏大的架构和不错的叙事方式,立刻引起了全国各地孩子的兴趣。

在那段时间里,经常能听到孩子们吼上一句:"猴哥,猴哥,你真了不得!"

或者是连一些大人也会哼唱的:"白龙马,蹄儿朝西,驮着唐三藏跟着仨徒弟……"

这一年,中国动画电影的制作也在尝试新的突破。

由上海美术电影制片厂和上海电视台联合打造的动画电影《宝莲灯》在这一年的暑期上映。一度被日本动漫界都奉若灯塔的上海美术电影制片厂此前制作过的动画长片其实只有三部,《大闹天宫》《哪吒闹海》和《金猴降妖》,所以为了这部《宝莲灯》,他们可谓倾尽心血。

这部制作总成本达到1200万元的动画电影尝试学习好莱坞的操作模式:请来姜文、徐帆、宁静等一批大牌电影人为片中各个角色配音,并专门打造了达到流行单曲级别的电影歌曲。

事实证明,明星的加盟还是起到了效果的。李玟的《想你的365天》、张信哲的《爱就一个字》,以及刘欢的《天地在我心》,都成了当年乃至之后数年脍炙人口的热门单曲。而陈佩斯配音孙悟空的那句"我今天不把他打得满脸桃花开,他就不知道花儿为什么这样红"更是让无数大人和孩子在电影院里哈哈大笑。

但由于"宝莲灯"是一个在中国民间流传甚广的故事,很多人早已熟悉,所以对电影本身的情节没有太多印象。

歌曲与影视剧互相成就的案例,还有这一年播出的《还珠格格》第二部。

《还珠格格》第一部播出的时候,全国的平均收视率高达47%,而第二部更是创造了一个纪录:全国平均收视率超过54%,最高点突破65%。

而跟着电视剧火起来的歌曲有《当》《有一个姑娘》《自从有了你》,而若干年后成为网络调笑哏的"你是疯儿我是傻",也出自由周杰和林心如合唱的片尾曲之一《你是风儿我是沙》。

当然,不借助电视剧或电影给我们留下深刻印象的歌曲,在1999年还有很多。

这一年,朴树凭借他的《那些花儿》《我去2000年》《白桦林》等别具一格的歌曲,迅速吸引了一大批粉丝;一个叫"羽泉"的组合推出一首《最美》,艳惊四座。

关于1999年的华语流行乐坛,中国台湾地区的音乐是一个绕不过去的话题。

除了借《还珠格格》的东风闯入公众视野的"动力火车"

组合，有着嘶哑嗓音的迪克牛仔凭借《有多少爱可以重来》《三万英尺》等歌曲在大陆迅速走红，这些歌也成了诸多卡拉OK厅包间里很多男性酒到醉处必吼的歌曲。

同样是沙哑嗓音，却能把一句歌词唱得九转十八弯的台湾歌手张宇，在1998年凭借《月亮惹的祸》走红后，在1999年又推出了《雨一直下》和《给你们》，轻松游走于断肠失恋与甜蜜婚礼之间。

相比之下，台湾歌手林志炫在这一年凭借特有的清亮嗓音演唱的《单身情歌》显然更能击中大家的心扉。这首歌一经推出就再也没有下过各大卡拉OK练歌房的热门歌曲榜单，年复一年，经久不衰——毕竟每年每月每时每刻，到处都有"抓不住爱情的我，总是眼睁睁看它溜走"。

1999年，香港歌手苏永康凭借《爱一个人好难》和前一年推出的《越吻越伤心》瞬间火遍内地，甚至有了"张学友接班人"的称号。但前途一片灿烂的他却在不久后因为吸毒而中断演艺事业，让当初不少喜欢他的歌迷在愤恨之余又感到一丝惋惜。

在这一年，与歌迷挥手告别的还有"无印良品"。这对成长于马来西亚而成名于台湾的歌唱组合，在给歌迷奉献了许多首柔肠百转的情歌之后，终于决定各自单飞，他们最后一张专辑的主打歌歌名已经说明了一切：《别人都说我们会分开》。

有的人彼此分开，是暂时的。

而有的人一旦和世人分开，就是永远。

4

1999年的1月5日，中国的读者告别了一位85岁的"熟悉的陌生人"。

说"熟悉"，是因为无数中国人都读过《安徒生童话》，或者至少知道其中一个或几个童话的大致情节；说"陌生"，是因为很多人都知道安徒生，但并没有多少人知道叶君健——他是让安徒生的童话在中国生根发芽、开花结果的重要使者。

叶君健其实是一位颇有成就的作家和儿童文学家，但因为翻译《安徒生童话》的光芒实在过于耀眼，以至于掩盖了他的其他成就。他是中国第一个直接从丹麦文原文翻译《安徒生童话》的人，在翻译中还结合了英文和法文的翻译，所以他翻译的《安徒生童话》是公认的最好的中译本，更是得到了来自丹麦的认可。

丹麦曾有媒体发文章评价，在当时全世界《安徒生童话》的80多种译本中，叶君健的中译版本是最好的，理由是："只有中国的译本把他（安徒生）当作一个伟大作家和诗人来介绍给读者，保持了作者的诗情、幽默感和生动活泼的形象化语言，因而是水平最高的译本。"

甚至有丹麦的汉学家认为，叶君健的译本"比安徒生原著更适于今天的阅读和欣赏"。

也正因为如此，丹麦女王玛格丽特二世在1988年授予叶君健"丹麦国旗勋章"，感谢他把安徒生的童话介绍给中国。《安徒生童话》在全世界有如此多的译者，叶君健是唯一获得这枚勋章的人。

叶君健翻译的《安徒生童话》

同样因和小读者结缘而成就一段佳话的冰心老人，也在这一年与世长辞，享年99岁。

冰心作为一名作家，曾以《寄小读者》和《再寄小读者》而成为中国少年儿童心目中最亲近的作家之一，而她那篇被选编入语文教材的《小橘灯》所表现的淡淡的温情、乐观和坚定，至今仍影响着一代又一代的中国孩子。

这一年，曾被冰心由衷感叹"你真能写……我篇篇都看"的萧乾，也告别了他的读者，享年89岁。

萧乾同样拥有多重身份：记者，文学家，翻译家。他参与翻译的《尤利西斯》是这部小说最早的中译本，也是到目前为止最著名的译本。而萧乾似乎也和小读者有缘，他翻译的《好兵帅克》至今仍是不少中国青少年喜爱的作品。

有很多人说过，文学和音乐是相通的。在这一年，著名的音乐家和教育家贺绿汀也演奏完了他人生的最后一个音符，以96岁的高龄与世长辞。

贺绿汀一生创作过3部大合唱、5首钢琴曲、200首歌曲、45首合唱曲。不少人认为，他最著名的代表作是《牧童短笛》——这首风格鲜明的曲子，应该是音乐界第一首成熟的"中国风"钢琴曲。

但对于一代又一代的中国青少年而言，贺老作曲的另一首歌曲更加耳熟能详，以至于很多孩子哪怕成年后，一听到旋律，依旧会不由自主地哼唱下去：

"我们都是神枪手，每一颗子弹消灭一个敌人……没有吃，没有穿，自有那敌人送上前。没有枪，没有炮，敌人给我们造……"

1999年4月18日，一位当年亲身参与"神枪手"和"飞行军"游击生涯的将军去世了，享年86岁。

作为共和国开国上将的叶飞，和很多将军一样，一生中经历了大小无数场生死之战，但并不是所有的共和国将军都能像叶飞那样，有机会去指挥一场既需要勇气又需要智慧的大规模炮战。

1958年8月23日下午5点30分，叶飞任总指挥的沿海32个炮兵营和6个海岸炮兵连共450余门大炮，在短短20分钟内向国民党守军控制的金门岛发射了近2万发大口径炮弹，由此拉开了"万炮轰金门"的序幕。

这场著名炮战的第一阶段炮击一共持续了44天，而之后时打时停、"单打双不打"的日

"金门炮战"中的解放军炮兵阵地

子则断断续续延续了20年，直到1979年1月1日中美正式建交——美国承认只有一个中国，台湾是中国的一部分。

在20年中，大陆方面一开始用真枪实弹，后来用除去弹头的宣传弹，一开始"只打蒋舰，不打美舰"，之后又向对岸宣告"你们绝大多数都是爱国的"。两岸在炮战中也打出了默契，对岸也渐渐认清了一个道理：

"中国人的事只能由我们中国人自己解决。"

但是，叶飞将军直到辞世前，也没有等到这件事的解决。

5

1999年7月9日，台湾地区领导人李登辉在接受"德国之声"采访时忽然抛出了一个匪夷所思的"特殊两国论"。李

登辉此前还在多个场合公开宣扬要实现"三民主义统一中国"，忽然公开变脸为"台独"，还是颇有些让人意外。但也有媒体分析，李登辉对两岸关系的态度，除了因为他自己根深蒂固的"台独"思想，也和背后倚靠的一个超级大国一直在对台态度上"出尔反尔"有关。

1999年，有一个词成了阻碍美国在全世界面前树立形象的关键，这个词就是"诚信"。

这一年的2月，在国内拥有极高支持率的美国总统比尔·克林顿有惊无险地逃过了众议院提出的两项弹劾。此前克林顿多次公开表示与白宫实习生莱温斯基"毫无关系"，但最终一项项证据证实双方有亲密关系且发生过性行为——他因此成为美国历史上第三位被弹劾的总统。

在这场全世界都关注的"拉链门"事件中，总统的政治能力和个人生活作风问题在最后被就事论事地分开，但克林顿被控做伪证和妨碍司法公正，他作为美国总统的个人诚信形象也就此崩塌。

而在国际上，以美国为首的北约在这一年宣布接纳波兰、捷克和匈牙利三国成为成员，进一步对曾频频向西方示好的俄罗斯保持威压态势。美国国会参众两院于1999年3月通过了建立"国家导弹防御系统"的法案，宣告美国将正式研制和发展导弹防御系统计划，10月参议院又拒绝批准1996年由联合国大会通过、已得到150多个国家签署的《全面禁止核试验条约》。

别人要发展不允许,自己想发展就发展,此前一直在全世界呼吁"裁军"和"核不扩散"的美国所树立的"和平"形象,被世界各国打上了一个大大的问号。

1999年,美国还做出了一桩足以以一种耻辱方式载入史册的行为。

3月24日,以美国为首的北约第一次在未经联合国安理会授权的情况下,开始对主权国家南联盟进行军事打击。在长达78天的狂轰滥炸中,北约出动2.6万多架次的飞机,在南联盟10万多平方千米的土地上投下了2.1万多吨炸药,摧毁了包括学校、工厂、企业、桥梁、医院、电站、新闻机构等民用设施在内的许多目标,造成南联盟2000名平民死亡,6000多人受伤。

北京时间5月8日,北约出动一架B-2隐形轰炸机,向中国驻南联盟大使馆投下了五枚精确制导炸弹,导致新华通讯社记者邵云环、《光明日报》记

美国轰炸南联盟大使馆后,愤怒上街游行示威的中国大学生

者许杏虎和朱颖牺牲，20余人受伤，大使馆建筑严重损毁。

事件发生后，美国总统克林顿立刻致电中国国家主席江泽民希望道歉，但后者拒绝接听。无奈之下，克林顿只能在公开场合道歉。

克林顿在后来的回忆录《我的生活》（译林出版社2004年出版）中描述，他最终和江泽民通上了电话：

"我再次表示道歉，说我敢确定他不会相信我会故意命令轰炸大使馆。"

按照克林顿的说法，两人在电话中都愿意相信：

"五角大楼或中央情报局中有些不愿意看到我和中国接触的人，可能会故意在地图上做手脚，从而在两国间制造麻烦。"

这一年的9月，中国国家主席江泽民访问了泰国，之后成了第一位访问澳大利亚的中国元首。10月，江泽民又相继访问了英国和法国。而9月在新西兰奥克兰，亚太经合组织第七次领导人非正式会议召开，江泽民和克林顿在会前进行了会晤，中美关系回到了正常轨道。

强硬的对抗和沟通的妥协，从来就是政治艺术中两个不可分割的部分，其中起关键作用的是时机和分寸。

这一年的11月15日，中美两国政府代表在北京签署了关于中国加入世界贸易组织的双边协议，并发表新闻公报。这一长达13年的谈判终于有了"双赢"的结果。

和平与发展，永远是世界各国人民共同的期盼。

而和平，是建立在国家统一和主权完整的基础上的。

6

1999年1月1日，欧洲很多国家至少在货币上实现了"统一"。

从这一天起，原先人们熟悉的"法郎""马克""比塞塔"等欧洲国家货币都将逐渐成为历史，欧盟19个国家开始使用一种统一的货币：欧元。

欧洲在一体化进程中迈出了巨大的一步，同时也意味着包括欧美关系在内的国际博弈也变得更加复杂。西欧开始给俄罗斯释放更多的活动空间，而国际油价上涨也帮俄罗斯恢复了不少元气。

这一年的8月初，名义上归属于俄罗斯联邦但实际已享有独立权利的车臣武装袭击达吉斯坦，俄罗斯以北高加索军区为基础建立联合军队集团对其进行镇压，第二次车臣战争爆发。

时任俄罗斯总理普京吸取了第一次车臣战争中俄罗斯军队轻敌冒进的教训，出动航空兵、炮兵和地面特种部队联合作战，稳扎稳打，逐步推进，在12月基本完成了对车臣首府格罗兹尼的包围。4个月后，俄罗斯宣布车臣军事行动结束，俄军全面控制车臣地区。

第二次车臣战争中的俄罗斯军队

在战争期间，美国等西方国家对于俄罗斯对车臣武装的清缴行为发表谴责，当时俄罗斯的回应是让人无法辩驳的：车臣问题是俄罗斯内政，不容他国干涉。

这一年的12月14日，一场特殊的交接仪式在巴拿马城附近的米拉弗洛雷斯船闸处举行。

巴拿马总统米蕾娅·莫斯科索和美国前总统卡特分别代表两国政府，签署了关于巴拿马运河主权和管辖权交接的换文——这条连接南北美洲大陆，沟通太平洋和大西洋的"黄金水道"的主权，终于完全从美国人手里交还给了巴拿马。

在交接日期的选择上，有媒体推测美方是否有意提前一周，避开了 12 月 20 日——1989 年 12 月 20 日，美军出动近 3 万名士兵，公然入侵巴拿马，推翻了巴拿马的诺列加反美政府，扶植亲美政权上台。

而这一年的 12 月 20 日，是值得另一个国家所有人铭记的日子。

1999 年 12 月 20 日零时，中国和葡萄牙两国政府在澳门文化中心举行政权交接仪式，中国政府对澳门恢复行使主权，澳门特别行政区成立。

澳门回归仪式现场

在那一段时间，中国的街头巷尾，都回荡着一首当年由闻一多作词的歌：

"你可知 Macau，不是我真姓？……"

"我要回来，回来，母亲。"

7

1999 年 10 月 12 日，联合国宣布：世界人口正式达到 60 亿。

在这颗叫作"地球"的星球上，作为"万物之灵长"的人类经过数百万年的进化，展现了自强不息的进取精神，创造了光辉灿烂的科技文明，但也留下了满目疮痍的自相残杀痕迹。

1999 年，是巴黎和会召开 80 周年。欧洲列强曾试图凭借一场会议，彻底给世界带来永久的和平。但事实证明，在各方为利益钩心斗角的情况下，这只是一场徒劳。

1999 年，也是"五四运动"爆发 80 周年。这场以青年学生为主，广大群众、市民、工商人士等阶层共同参与的爱国运动，让中国人再一次清醒地认识到：如果国家不够强大，那么"公理战胜强权"只是一个美丽的童话。

1999 年，是中华人民共和国成立 50 周年，也是中国人民解放军海军和空军成立 50 周年。

这一年的 11 月 20 日，在酒泉卫星发射中心，中国第一艘载人航天实验飞船载着中华人民共和国国旗、澳门特别行政区区旗、奥运会会旗等物品，成功发射升空。

这艘开历史先河的飞船，被命名为"神舟一号"。

世纪交替际，雄关漫道。

展望新千年，从头再越。

独家记忆·我的1999

开三：1998年那次大水直接导致公司被淹了1米深，本来我们10个人是一起来实习的，直接被通知到单位抢修产品。后来我们10个全部被留用，1999年公司和我们签了长期合同。父母也很高兴，毕竟靠自己找到工作还是挺开心的！

静香小荷：1999年，中风偏瘫在床的爷爷去世了。在病榻前悉心周到地照顾3年、被爷爷称为"小护士"的年仅15岁的我，随着爷爷的离开而"灵魂出窍"，跑到现在已成为网红的宛平南路600号"根据地"报到，成为"资深VIP会员"。那一年，面临着中考的压力，我一边顽强地努力康复，一边重整旗鼓，再战中考。1999年，是我人生的转折点，也是我人生新的起点。在充满荆棘、一路波折的人生路上，我越战越勇！我是现实生活中的女版许三多，始终对自己不抛弃、不放弃，成为逆袭女神。一路走来，回过头来看看这些年来所经历的点点滴滴，感谢1999年，感谢顽强拼搏的自己！致敬一如既往、砥砺前行、努力奋斗的自己！

Tony.Z：1999年12月20日，我有幸参与在珠海欢送驻澳部队从拱北口岸进驻澳门的仪式，现在还保留着十几张照片。那天早晨，我5点爬起来，微亮的早晨有点寒冷……

Aaroncn：1999年全国高考作文题目《假如记忆可以移植》，一下打蒙了一众只会中规中矩写作文的孩子。与他们一样蒙的是四年后一下要接纳这么多大学毕业生，同时还得抗击非典的社会。

风中的云： 1999，我儿子出生，所以，这是我非常非常喜欢的年份！记忆最深的是国庆 50 周年，儿子刚满月，我抱着他到屋顶看礼花！

van： 1999 年，春节。我们几个孩子从村尾走到村头，终于找到一户人家的电视机放得出春节联欢晚会，然后高高兴兴地看到 10 点多回家睡觉。对了，电视机家家都有，就是供电不足，100 瓦的灯泡还没有蜡烛亮，所以很多电视机放不出画面，只能听个响。短短 20 多年，祖国的发展真的想都不敢想。

大圆子： "你可知 Macau，不是我真姓？"那时的我还是初中生，每天放学和周末都会跟几个同学一起到小小的绍兴公园练习这首歌，澳门回归时需要在学校礼堂表演的。感谢馒头大师让我回忆起那段时光，当时觉得普通的日常，现在变成了珍贵、美好、温暖的回忆。

芒小桃： 1999 年，我 6 岁，老妈买了两张动画片光盘回来，其中一部就是《宝莲灯》。那会儿能看的少，这部动画片被我反反复复在 VCD 机里播放，至少看了 10 遍。直到今天，自己开车时还常播放《爱就一个字》这首歌。

沧海月明： 1999 年我高考，感谢扩招，让我考上了一所大专学校，从此改变了一个农村孩子的命运。这是我生命中最重要的一年，我第一次来到城市，第一次坐出租车，第一次住楼房宿舍。请回答 1999，让我泪流满面！